「日本が世界一」のランキング事典 改訂版

伊藤賀一

宝島社新書

はじめに

少子高齢化、経済の停滞、格差社会、いじめ問題、国防の不安、自然災害の増加、食料自給率の低下、資源・エネルギー問題、皇室存続の危機……ｅｔｃ．

現代の日本に関しては、マイナスの方向で語られることが多いですね。マスメディアでの報道を見るにつけ……、いやいや、ＳＮＳなどパーソナルメディアを覗いてみればなおさらです。有名人の不倫に、薬物問題、汚職事件にセクハラ・パワハラ、保育園の待機児童に、大学受験制度の迷走。挙げ句の果てに２０２０年から続く新型コロナウイルス騒動。回復後はオーバーツーリズムや円安……。

このような状況下では、まるで我々は「ダメな国」に暮らしているように思えてきますが、果たしてそうでしょうか？　実際に暮らしている身からすれば、確かにずっといいことないな、変だな、と感じますが、それではグローバル社会の、世界からの客観的な視点で見たとき、どうなんだろう？

私は日本史を中心に、世界史、地理、政治経済、倫理、さらに一般教養や労働法の知識まで、長年講義・執筆してきた社会科のオールラウンダー講師です。子どもからシニア世代までを担当、さらに40代で大学に再入学し、２０２２年に教育学部を卒業しました。

ただ、常に軸足を「日本のこれまで・今・これから」に置き、すべての仕事を組み立ててきました。京都生まれで18歳で上京、その後、仕事や旅行で47都道府県をもれなく巡った私は、日本という国が本当に大好きなのです。

近年特に、それらの経験から予感がありました。いや待てよ、日本は「スゴい国」だったはずだよな、と。

そこで今回、最も端的にわかりやすく具体的な「世界一」を集めたこの本をまとめることになりました。

30年前、新卒時の勤務先の生徒さんだった宝島社編集部の九内俊彦さんと、ファミリーマガジンの佐古京太さんの強力な援護射撃を得てどんどん進行していくうち、予感が確信に変わってきました。

日本は文句なしに「スゴい国」です。

さあ、ページをめくり、好きなところからどんどん読んでいってください。見開き2ページですべて完結していますし、清々しいほど景気の良いことがほとんどで、耳が痛い内容でも、解決策のあることばかり書いてあります。

たまには気持ちよくなりましょう。そして、自信を取り戻しましょう。色々と問題を抱えてもいますが、いい国ですよ、日本は。国内・国外すべてを活かすための優先順位を考えた上で、できることがあるんじゃないか、と思えるかもしれません。

本書をきっかけに「自分も何か動いてみよう」という人がひとりでも生まれてくれれば、著者として、これほど嬉しいことはありません。

目次

第2章 日本の意外な世界一

第4章　日本のザンネン（?）な世界一

第5章　日本が惜しくも世界一ではないランキング

第6章　日本が世界一ではない!?　その他の世界ランキング

第1章

日本の誇るべき世界一

日本の平均ＩＱが世界一に！

高ＩＱ集団ＭＥＮＳＡのテストに近い信頼性の高いＩＱテストで世界1位

フィンランドの企業ウィクトコムは、Worldwide IQ TestというＩＱテストを提供していることで知られており、同社は２０１９年から１００カ国以上の人びとの知能を測定した結果を発表しています。ちなみに、同社のＩＱテストは、ウェクスラー方式の知能検査でＩＱ１３０以上を取得した人びとだけが所属できるＭＥＮＳＡ《メンサ》のテストに近い感覚で受けることができるといわれており、信頼性の高いテストです。この国別の平均ＩＱランキングで、日本は平均ＩＱ１１２・30で世界1位を獲得しました。

出典： Wiqtcom社　Worldwide IQ Test

平均IQランキング TOP10

順位		総合スコア
1	日本	112.30
2	ハンガリー	111.23
3	台湾	111.21
4	イタリア	110.83
5	韓国	110.80
6	セルビア	110.58
7	イラン	110.24
8	フィンランド	109.61
9	香港（中国）	109.58
10	ベトナム	108.81

世界の豆知識

MENSAは1946年にイギリスで設立された国際グループ。世界100カ国以上に10万人以上の会員がおり、人口上位2%のIQとされるIQ130～148以上の知能を持つ人が参加できます。MENSAの入会テストに合格すれば誰でも入れるので、挑戦してみてはいかがでしょうか？

世界一の長寿国　日本

医学の進歩と医療制度が支える日本の平均寿命
短命国から驚異的な発展で世界1位の長寿国に

世界保健機関（ＷＨＯ）が公表した２０２４年版の「世界保健統計」によると、２０２２年の男女合わせた平均寿命が日本は84・５歳で、世界一であることがわかりました。日本は経済的に豊かで栄養状態が良いことに加え、医療水準が高く、制度やサービスも充実していることから平均寿命が長いと考えられています。また四季のある穏やかな気候が……、と書こうとして、自然災害の多さに手を止めてしまいました。とても痛ましいことで、復興途上の地域も多くあります。

出典：世界保健機関（WHO） World Health Statistics 2024

WHO平均寿命ランキング TOP10

順位		平均年齢
1	日本	84.5歳
2	シンガポール	83.9歳
3	韓国	83.8歳
4	スイス	83.3歳
5	オーストラリア	83.1歳
6	ノルウェー	82.9歳
7	ルクセンブルク	82.8歳
8	スペイン	82.7歳
	スウェーデン	82.7歳
10	アイスランド	82.6歳

ガイチ流ひとくちメモ

2023年の日本の平均寿命は、男性81.09歳、女性87.14歳です。65歳以上の老年人口は、7%超が「高齢化社会」、14%超が「高齢社会」、21%超が「超高齢社会」といいます。日本は2024年の最新データで29.3%に！　次の呼び名は「極高齢社会」？

国別ブランド指標（ＦＣＩ）で日本が３連覇

国のブランド力はいまだ健在
日本のシンプルで独特な文化が高評価

ロンドンに本部を置くブランド・コンサルティング会社、フューチャーブランド社が発表する国別ブランド指標（ＦＣＩ）において、調査が行われた２０１４年、２０１９年、２０２０年の３回連続で日本が１位となりました。調査はＧＤＰ（国内総生産）の上位75カ国・地域が対象で、過去１年に海外旅行をした計２５００人へのオンラインインタビューやＳＮＳを分析した結果です。日本は生活の質、歴史文化、製品サービスなどの点で高く評価されました。

出典： フューチャーブランド社　FutureBrand Country Index 2020

国別ブランド指標ランキング TOP10

順位	
1	日本
2	スイス
3	ノルウェー
4	ドイツ
5	カナダ
6	デンマーク
7	フィンランド
8	スウェーデン
9	アラブ首長国連邦
10	ニュージーランド

世界の豆知識

片付けコンサルタントの“こんまり”こと近藤麻理恵さんの片付けメソッドが、数年前アメリカでブームに。日本の「モノに感謝する発想」や、禅の精神を彷彿とさせるシンプルな生活が受けているようです。リアリティ番組が放送され、古着や古本の寄付が激増したとか。

世界で最も清潔な空港は羽田空港

清潔度とサービスの良さは世界最高峰
多くの旅行者に認められた日本の空港

　世界の航空会社・空港の格付け調査を行うスカイトラックスが発表した「世界ベスト空港２０２４」の「最も清潔な空港部門」ランキングで、羽田空港（東京国際空港）が1位を、中部国際空港セントレアが5位を獲得しました。総合1位はカタールのドーハ・ハマド国際空港ですが、「ベスト・エアポートスタッフ部門」では成田国際空港が1位、「空港のバゲージ（＝荷物）取扱い部門」においては関西国際空港が1位になるなど、国際的に見て日本の空港設備やスタッフサービスの質の高さが目立つ結果となりました。

出典： スカイトラックス　The World's Best Airports of 2024

最も清潔な空港ランキング TOP10

順位	
1	羽田空港（日本）
2	仁川《インチョン》国際空港（韓国）
3	チャンギ空港（シンガポール）
4	ドーハ・ハマド国際空港（カタール）
5	中部国際空港セントレア（日本）
6	成田国際空港（日本）
7	関西国際空港（日本）
8	香港国際空港（香港）
9	桃園国際空港（台湾）
10	チューリッヒ空港（スイス）

ガイチ流ひとくちメモ

羽田空港は国内出張時によく使いますが、第1ターミナル（JALなど）も第2ターミナル（ANAなど）も清潔なだけでなく、空港そのものが楽しい。乗り遅れそうなとき、トランシーバーで話しながら一緒に走ってくれる職員さんは、個人的に萌える……（原因は私ですが）。

世界一マナーが良いといわれた日本人

どこに出しても恥ずかしくない！礼儀正しい日本人を世界が認めた

世界最大の米オンライン旅行会社エクスペディアが実施した「エクスペディア・ベストツーリスト」において、日本がマナーの良さ1位に選ばれました。この調査は、世界中のホテルマネージャーに対し各国観光客の国別の評判に関して調査したもの。日本は「行儀の良さ」「礼儀正しい」「部屋をきれいに使う」「騒がしくない」「不平が少ない」の項目について1位に選ばれ、マナーの良さが際立っています。日本が3年連続1位を獲得するなど順位に変動がなかったせいか、残念ながら最近は調査が行われていないようです。

出典： 米旅行会社エクスペディア　Expedia Best Tourist 2009

マナーの良さランキング TOP10

順位		総合スコア
1	日本	71
2	イギリス	52
3	カナダ	51
4	ドイツ	50
5	スイス	48
6	オランダ	47
	オーストラリア	47
8	スウェーデン	46
	アメリカ	46
10	デンマーク	44
	ノルウェー	44
	フィンランド	44
	ベルギー	44

ガイチ流ひとくちメモ

欧米ではチップを支払う文化があります。逆に中国ではチップは失礼にあたるとか。私は都内のホテルで4年、奥飛騨の温泉旅館で1年の勤務経験がありますが、ホテルはサービス料を頂いており、チップを受け取れません。旅館は女将さんに預けるルールでした。

世界一の海底鉄道トンネル　青函トンネル

スイスのトンネルに抜かれるまではトンネルとしても世界最長だった！

本州の青森県と北海道を結ぶ鉄道トンネル、通称「青函《せいかん》トンネル」は、海底トンネルおよび三線軌条（＝レールが３本）のトンネルとして世界最長であることで知られています。ちなみに、通常のトンネルとしても、２０１６年にスイスのゴッタルドベーストンネルが開通するまでは、世界最長を誇っていました。青函トンネルは、海底の約１００メートル下の地中を掘削して建設され、全長は53・85キロメートルにも及びます。鉄道トンネルとして利用されており、北海道新幹線が通行しています。

出典： INTERESTING ENGINEERING ／ 9 of the longest underwater tunnels in the worldほか

海底トンネル全長ランキング TOP10

順位		全長
1	青函トンネル（日本）	53.85km
2	英仏海峡トンネル（イギリス、フランス）	50.49km
3	東京ベイエリアアクアライン（日本）	23.7km
4	ライファスト・トンネル（ノルウェー）	14.3km
5	エストゥロイトンネル（フェロー諸島）	11.24km
6	グレート・ベルト・ブリッジ・トンネル（デンマーク）	8.02km
7	青島《チンタオ》膠州湾トンネル（中国）	7.8km
8	エイクスンド・トンネル（ノルウェー）	7.68km
9	ノース・ケープ・トンネル（ノルウェー）	6.9km
10	セヴァーントンネル（イギリス）	3.62 km

世界の豆知識

海底トンネルの構想として有名なのが、日韓トンネルでしょう。九州と朝鮮半島を結ぶ海底トンネルで、総延長270kmと青函トンネルの５倍以上の長さです。ただし、いまだ構想段階から進んでいないので、プロジェクト実現の見込みがないというのが有力な意見です。

老舗の数は日本が世界一

創業1000年以上の企業もある！職人精神と勤勉さが長続きの秘訣？

帝国データバンクなどがまとめた資料によると、2022年時点で創業200年以上の歴史を持つ老舗《しにせ》企業は、世界に2129社。そのうち1388社が日本企業で、なんと全体の65・2％を占めています。別の調査では、日本には創業1000年以上の企業が11社あり、100年以上の企業は約4万5000社もあるとのこと。島国という立地や徹底した職人精神などが、日本に老舗の多い理由として挙げられています。ちなみに世界最古の企業は578年（飛鳥時代）創業の建設会社「金剛組」です。

出典：帝国データバンク「COSMOS2」（2022年時点）　ほか

老舗（創業200年以上の企業）の数ランキング

順位		老舗企業数
1	日本	1388社
2	アメリカ	265社
3	ドイツ	223社
4	イギリス	81社
5	ロシア	38社
6	オーストリア	34社
7	オランダ	17社
8	ポーランド	16社
9	イタリア	14社
10	フランス	11社

世界の豆知識

もちろん日々その数は変動しますが、世界の上場企業数は約4万5000社で、非上場企業を含めると2億社を超えるといいます。日本だけでも約360万社の企業が存在します。最も従業員数が多い企業はアメリカのウォルマートで、約230万人が働いています。

東京はミシュランの星付き店舗数で世界一

東京・京都・大阪は世界的な美食の都
良質な食材と卓越した腕前の料理人が日本に集結

フランスのタイヤメーカーのミシュランが発行している『ミシュランガイド』は、世界の飲食店とホテルを厳選、格付けしている、歴史あるガイドブック。飲食店では「料理」のみを星の数で評価し、１つ星＝近くに訪れたら行く価値のある優れた料理、２つ星＝遠回りしてでも訪れる価値のある素晴らしい料理、３つ星＝そのために旅行する価値のある卓越した料理、と定義しています。『ミシュランガイド』２０２４年版によると、東京が世界の名だたる有名都市を抑えて、星付き店舗数１位に輝きました。

出典：『ミシュランガイド』 2024年版

ミシュラン３つ星、２つ星、１つ星獲得数の合計ランキング　TOP10

順位		星付き店舗数
1	東京（日本）	183店
2	パリ（フランス）	130店
3	京都（日本）	97店
4	大阪（日本）	93店
5	香港（中国）	78店
6	ロンドン（イギリス）	75店
7	ニューヨーク（アメリカ）	73店
8	シンガポール（シンガポール）	55店
9	上海（中国）	51店
10	台北（台湾）	35店

ガイチ流ひとくちメモ

ミシュランのマスコットとして知られる「ミシュランマン」は、本国フランスでの本名を「ビバンダム」といい、「ムッシュ・ビバンダム」の愛称で呼ばれています。実は登場から120年以上経過しており、世界最古のマスコットといわれています。あれ自体がおいしそうですよね？

スーパーコンピュータ「富岳」は性能世界一

かつて消費電力性能で世界1位になった富岳
今は10期連続で処理速度世界1位

富士通株式会社と理化学研究所が共同開発中のスーパーコンピュータ「富《ふ》岳《がく》」は、これまでに何度かスパコンの性能に関するランキングで世界1位を獲得してきています。２０１９年にはGreen500というランキングの「消費電力性能」で1位になりましたが、２０２４年には産業利用などの実際のアプリケーションで頻用される共役勾配法の処理速度「ＨＰＣＧ（High Performance Conjugate Gradient)」のランキングで、世界1位となりました。これは10期連続の記録だということです。

出典：TOP500 The List ／ HPCG November 2024

スパコン処理速度（HPCG）ランキング TOP10

順位	
1	**スーパーコンピュータ富岳**（富士通／理研／日本）
2	**Frontier**（オークリッジ国立研究所／アメリカ）
3	**Aurora**（アルゴンヌ国立研究所／アメリカ）
4	**LUMI**（EuroHPC/CSC／フィンランド）
5	**Alps**（スイス国立スーパーコンピューティングセンター／スイス）
6	**Leonardo**（EuroHPC/CINECA／イタリア）
7	**Perlmutter**（DOE/SC/LBNL/NERSC／アメリカ）
8	**Sierra**（DOE/NNSA/LLNL／アメリカ）
9	**Selene**（NVIDIA Corporation／アメリカ）
10	**JUWELS Booster Module**（FZJ／ドイツ）

世界の豆知識

今やインターネットにつながっていないと、生活するのが難しい時代です。世界一インターネットを利用しているのがアラブ首長国連邦とサウジアラビアで、その割合はなんと100%（2022年）。日本は84.9%なので、1割以上がインターネットなしの生活を送っていることになります。

高さ世界一の自立式電波塔　東京スカイツリー

空に最も近い場所から東京を見下ろす！
日本を代表する超大型観光スポット

２０１２年に開業した東京スカイツリー。全高６３４メートル（武蔵国《むさしのくに》だけに）を誇り、建造物では日本一、自立式の電波塔としては世界一の高さで、ギネス世界記録より「世界一高いタワー」として認定されています。展望台デッキからは、東京の絶景が一望できるのが魅力です。また、すみだ水族館、東京ソラマチ、プラネタリウム〝天空〟なども併設しており、人気スポットとなっています。建設費４００億円、総事業費６５０億円、延べ58万人工《にんく》（人工＝人が１日に働く量の単位）が建設に携わりました。

出典： The Skyscraper Center

電波塔の高さランキング TOP10

順位		高さ
1	東京スカイツリー（日本）	634m
2	広州塔（中国）	604m
3	CNタワー（カナダ）	553.3m
4	オスタンキノタワー（ロシア）	540m
5	東方明珠電視塔（中国）	468m
6	ミーラード・タワー（イラン）	435m
7	メナラ・クアラルンプールタワー（マレーシア）	420.4m
8	天津テレビ塔（中国）	415.1m
9	中央電視塔（中国）	405m
10	中原福塔（中国）	388m

ガイチ流ひとくちメモ

東京タワーの高さは333m。竣工《しゅんこう》年も昭和33年とゾロ目なので、語呂合わせで計画的にこの高さにしたと思われがち。しかし、なんとこれは偶然の産物。当初は380mの計画が、風の影響などでテレビ画像が乱れるおそれがあるため低くなり、計算上ギリギリの高さがこれ。

乗車人数世界一を誇った箱根ロープウェイ

標高1000メートルの空中散歩は国内外から大絶賛 富士山もスカイツリーも見える360度の大パノラマ

2008年、神奈川県箱根町の芦ノ湖を起点とする「箱根ロープウェイ」が、有料乗車人員201万59人を達成し、翌年のギネス世界記録のゴンドラ・リフト部門で「年間乗車人員世界一」に認定されました。2009年には自己記録を更新し、206万4241人となりました。大都市に近い人気観光地であり、富士山から東京スカイツリーまで見えるのが魅力です。山岳リゾートの印象が強いロープウェイですが、近年、南米諸国では渋滞緩和のため都市型ロープウェイが整備され、市民が通勤や通学に使っています。

出典：ロープウェイ各社HP、各観光局HPほか

ロープウェイ年間乗車人員数ランキング TOP10

順位		年間乗車人員
1	箱根ロープウェイ（日本）	206万4241人
2	ルーズベルトアイランドトラムウェイ（アメリカ）	200万人
3	函館山ロープウェイ（日本）	182万876人
4	モンジュイックケーブルカー（スペイン）	120万人
5	テーブルマウンテンケーブルウェイ（南アフリカ）	100万人
	ポートランドエアリアルトラム（アメリカ）	100万人
7	高尾山ケーブルカー（日本）	83万人
8	ツークシュピッツェケーブルカー（ドイツ）	50万人
9	新穂高ロープウェイ（日本）	34万人
10	グルノーブルバスティーユケーブルカー（フランス）	31万5000人

※年間乗員数の情報のあるロープウェイのみ独自にランキング

世界の豆知識

箱根ロープウェイは路線全体で4005mもあり、日本最長のロープウェイでもあります。ちなみに、世界最長のロープウェイはベトナム南部のフーコック島とホントム島を結ぶ海上ロープウェイで、全長7899.9mもあります。長さだけでなく、絶景も楽しめるとか。

世界一高い駅ビル　あべのハルカス

地上300メートル
世界一高い駅ビルは、意外にエコ？

2014年に竣工した大阪市の「あべのハルカス」は、日本で一番高い駅ビルです。「ビル」としての高さでは、国内でも麻布台ヒルズ森JPタワーに抜かれてしまいましたが、いまだ駅ビルとしては世界一の高さです。海外と比べ、日本の駅ビルは高層ビルが多いようです。都市では駅ビルは横に広げるより、上に高くするほうがメリットがあります。移動距離は短くなり、水は効率よくいきわたり、二酸化炭素排出量も少なくて済みます。あべのハルカスは太陽光発電のほか、落水発電なども行っているそうですよ。

出典：鉄道各社HPほか

世界の駅ビル高さランキング TOP10

順位		高さ
1	あべのハルカス（日本）	300m
2	タンジョンパガーセンター（シンガポール）	290m
3	名古屋JRセントラルタワーズ（日本）	245m
4	KLセントラル（マレーシア）	210.4m
5	札幌JRタワー（日本）	173m
6	シティリンク南港（台湾）	138.3m
7	JR横浜タワー（日本）	132.3m
8	サマーラ駅（ロシア）	101m
9	北京西駅（中国）	90m
10	京都駅ビル（日本）	59.8m

※海外には駅ビルの定義がないため、駅直上の建物、または駅舎などの高さで独自にランキング

ガイチ流ひとくちメモ

私は京都出身。1997年に約60mの巨大な駅ビルが建って以来、京都人は「あんなん京都ちゃう」とよく言います。「雰囲気合うてへんわ」と言う割には、そもそも駅前の京都タワー（1964年竣工）がビル＋タワー＝131mもあり異様なので、個人的には全然OKと思うてます。

世界最大面積の駅ビルは名古屋にあった

世界最大の駅ビルは利便性抜群
将来はリニア中央新幹線が停まる駅に！

名古屋ＪＲセントラルタワーズは完成当時、高さ２４５メートル、延べ床面積41万６５６５平方メートルという規模が駅ビルとしては世界最大規模であったため、２００２年に「世界一大規模な駅ビル」としてギネス世界記録に認定されました。その後、記録は取り消されてしまいましたが、世界トップクラスの巨大駅ビルであることは間違いありません。現在、名古屋駅はリニア中央新幹線が開業予定の２０３４年以降を目標に、全長４００メートルという横長の高層ビルの建設計画を進めているそうです。

出典：鉄道各社ＨＰほか

面積の大きい駅ビルランキング TOP10

順位		延べ床面積
1	名古屋JRセントラルタワーズ　（日本）	41万6565m^2
2	香港西九龍駅（中国）	40万m^2
3	あべのハルカス（日本）	30万6000m^2
4	KLセントラル（マレーシア）	29万1400m^2
5	札幌JRタワー（日本）	27万6000m^2
6	バンスー中央駅（タイ）	27万4192m^2
7	北京駅（中国）	25万m^2
8	京都駅ビル（日本）	23万7689m^2
9	シティリンク南港（台湾）	19万6790m^2
10	グランドセントラル駅（アメリカ）	19万4000m^2
	AKタウン水原《スウォン》（韓国）	19万4000m^2

※海外には駅ビルの定義がないため、駅直上の建物、または駅舎などの広さで独自にランキング

ガイチ流ひとくちメモ

ちなみに「世界の駅別乗降者数ランキング」では常に上位8位を日本が独占しており、世界1位の新宿駅は1日に約350万人が利用しています。ヨーロッパで一番乗降者数が多いといわれるパリ北駅が約70万人ですから、日本の都心部の混雑具合は半端じゃありません。

世界最大のプラネタリウム　名古屋市科学館

世界一のドームで星空を満喫
日本は世界有数のプラネタリウム大国

日本は世界でもトップクラスのプラネタリウム大国として知られ、国内に約４００館のプラネタリウムがあります。その中でも世界的に有名なのが、２０１１年３月にリニューアルした名古屋市科学館のプラネタリウム「ブラザーアース」です。ドーム内径35メートルという大きさで、ギネス世界記録に認定されています。また、4位の多摩六都科学館では、最も多くの星を投映するプラネタリウムとして世界一に認定されている投映機「ＣＨＩＲＯＮ《ケイロン》Ⅱ」によって、世界で最も美しい星空を見ることができます。

出典： 各プラネタリウム施設HP　ほか

世界のプラネタリウムの大きさランキング TOP10

順位		ドーム内径
1	名古屋市科学館（日本）	35m
2	中国科学技術館（中国）	30m
	愛媛県総合科学博物館（日本）	30m
4	多摩六都科学館（日本）	27.5m
5	ジェニファー・チャルスティ・プラネタリウム　（アメリカ）	27.1m
6	宮崎科学技術館（日本）	27m
	姫路科学館（日本）	27m
8	大阪市立科学館（日本）	26.5m
	ヘイデン・プラネタリウム（アメリカ）	26.5m
10	つくばエキスポセンター（日本）	25.6m

※各種データをもとに独自にランキング

世界の豆知識

NASA（アメリカ航空宇宙局）のフェルミ・ガンマ線宇宙望遠鏡研究チームは、国際天文学連合が定義する88星座とは別に、「ガンマ線天体を線で結んだ22星座」を認定しています。「ゴジラ座」「エンタープライズ号座」「星の王子さま座」など、ユニークな名前の星座があります。

世界一長い鉄道道路併用橋　瀬戸大橋

上から見ても下から見ても絶景！
本州と四国を結ぶ架け橋は外国人からも大人気

本州の岡山県と四国の香川県を結ぶ瀬戸大橋は、鉄道道路併用橋としては世界最長で、「世界一長い鉄道道路併用橋」としてギネス世界記録（2015年）に認定されています。連続する10の橋と高架部を含めると全長13100メートルにも及び、人工衛星でも確認できるほど長大です。橋は上部に4車線の瀬戸中央自動車道が走り、下部にJR本四備讃線が通る2階建て構造になっています。本来なら一般人は立ち入れないルートを通り、175メートルの高さまで昇る「瀬戸大橋スカイツアー」が大人気となっています。

出典：鉄道各社HPなど

世界の鉄道道路併用橋ランキング TOP10

順位		全長
1	瀬戸大橋（日本）	13100m
2	淮南淮河大橋（中国）	9390m
3	オーレスン橋（デンマーク・スウェーデン）	7845m
4	九江長江大橋（中国）	7675m
5	タンルウィン・ブリッジ（ミャンマー）	7640m
6	常泰長江大橋（中国）	5299m
7	南京長江大橋（中国）	4589m
8	永宗大橋（韓国）	4420m
9	関西国際空港連絡橋（日本）	3750m
10	ハバロフスク橋（ロシア）	2598m

※ロシアのクリミア大橋（18100m）が2019年、中国の平潭海峡公鉄大橋（11150m）が2020年に開通しましたが、世界最長の公式認定はまだされていません

ガイチ流ひとくちメモ

31歳の春。居候していた高知を出ようと住み込み仕事を探し、倉敷の三菱自動車水島製作所に向かい、ディーゼル特急「南風《なんぷう》」号で（色んな意味で）震えながら瀬戸大橋を渡りました。72秒に1台流れるライン作業は、お喋り+笑顔だけが売りの私に最も向かない仕事でした……。

三重県にある世界最長のジェットコースター

ギネス4冠を達成したコースター 休日には観光客がスリルを求め大行列

数多くの絶叫マシンをそろえる三重県のナガシマスパーランド。その中でも数時間待ちになるほど人気が高い「スチールドラゴン2000」は、開業当初の2000年に最高速度、最高部高度、最大落差、全長の4項目でギネス世界記録に認定されました。現在でもスチール製ジェットコースターとしては世界最長を誇ります。最高速度時速153キロ、最高部高97メートル、最大落差93・5メートルというコースを3分30秒で駆け抜けます。囲いがない座席で、座ると足が浮いた状態になるスリル満点な仕様です。

出典：Roller Coaster DataBase

スチール製ジェットコースター長さランキング TOP10

順位		全長
1	スチールドラゴン2000（日本）	2479m
2	フォーミュラロッサ（アラブ首長国連邦）	2074m
3	FUJIYAMA（日本）	2045m
4	フューリー 325（アメリカ）	2012m
5	ミレニアムフォース（アメリカ）	2010m
6	インクレディコースター（アメリカ）	1851m
7	デスペラード（アメリカ）	1781m
8	スチールヴェンジェンス（アメリカ）	1750m
9	マンバ（アメリカ）	1707m
	スチールフォース（アメリカ）	1707m

ガイチ流ひとくちメモ

車輪脱落事故でスチールドラゴン停止の時期、ナガシマスパーランドの住み込み職員でした（32～33歳）。毎日何度もお客に「止まっててすみません」と謝ってたので、一度うっかり「止まってません」と省略してしまい、激怒され「動かせ」などと世界一長いクレームを……。

世界一のクラゲ展示　加茂水族館

閉館の危機を救ったのはクラゲ！
クラゲ好きが大集結するクラゲ世界一の水族館

２０１２年、山形県鶴岡市の加茂《かも》水族館は、「クラゲの展示種類数世界最多」としてギネス世界記録に認定されました。認定は30種です。現在では60種以上ものクラゲを展示し、その生態や魅力を伝えています。それでも世界には約３０００種もクラゲがいるため、２％しか飼育していないことになります。世界に誇る直径５メートルの水槽「クラゲドリームシアター」では、浮遊する約1万匹のミズクラゲを見ることができます。クラゲに特化した展示を行うことで来館者が増え、閉館の危機を乗り越えたそうです。

出典：World Cities Ranking　Largest And Best Aquariums In The World 2020（Top 10 List）、各水族館HPほか

世界の水族館展示種の多さランキング TOP10

順位		展示種の数
クラゲ世界1位	加茂水族館（日本）	約60種（その他140種）
1	ジョン・G・シェッド水族館（アメリカ）	約1500種
2	ナウシカ国立海洋センター（フランス）	約1200種
	鳥羽水族館（日本）	約1200種
4	スタインハート水族館（アメリカ）	約900種
5	珠海長隆海洋王国（中国）	約800種
	S.E.A水族館（シンガポール）	約800種
7	美《ちゅ》ら海《うみ》水族館（日本）	約740種
8	シーライフ・シドニー水族館（オーストラリア）	約700種
	国立海洋生物博物館（台湾）	約700種
10	海遊館（日本）	約620種

※参考として世界の水族館の展示種の多さランキングを掲載

ガイチ流ひとくちメモ

人生で最も多く「クラゲ」という字を右ページに書きました……。もうお腹いっぱいですが追加を。天才・東村アキコ先生の漫画『海月姫《くらげひめ》』（講談社、全17巻）は実写映画化もされましたが、面白いですよ。初めて読んだ日にクラゲの夢を見ました。たぶん今日も見ます。

大谷翔平は世界随一の選手

肘の怪我のリハビリ中にもかかわらずMLB史上初の「50-50」を達成

2024年、渡米後6年間在籍したロサンゼルス・エンゼルスを退団し、ロサンゼルス・ドジャースに移籍した大谷翔平選手。そんな大谷選手にとっての2024年は、まさに歴史に残るシーズンでした。50本塁打、50盗塁（最終成績54本塁打、59盗塁）というMLB史上初めての大記録を達成したことは世界中を驚かせました。また、ポストシーズンでは、ドジャースがワールドシリーズ優勝を成し遂げ、大谷選手はシーズンMVPをDH（指名打者）として史上初めて受賞（通算3度目）し、次々と記録を塗り替えています。

出典：BASEBALL REFERENCE ほか

大谷翔平選手のこれまでの主な記録

2015	NPB（日本野球機構）で、最多勝利、最優秀防御率、最高勝率の投手三冠
2018	ロサンゼルス・エンゼルスで日本人史上4人目の新人王受賞
2019	アジア人２人目、日本人初のサイクル安打達成
2021	日本人史上２人目、アジア人史上２人目のシーズンMVPおよびシルバースラッガー賞受賞
2022	ベーブ・ルース以来104年ぶりの投手として２桁勝利、打者として２桁本塁打達成
2023	WBCにエース投手兼打者として出場し優勝、MVPを獲得 2度目の満票によるシーズンMVP、2度目のシルバースラッガー賞受賞
2024	1シーズン50本塁打、50盗塁という「50-50」をMLB史上初めて達成。シーズンオフには、3度目となるシーズンMVP（満票）、シルバースラッガー賞、ハンク・アーロン賞を受賞。DH（指名打者）としてのMVP受賞は史上初

世界の豆知識

大谷翔平といえば「二刀流」ですが、「二刀流」の伝説的な選手は、あのベーブ・ルースです。レッドソックスとヤンキースで活躍し、生涯で714本の本塁打と、投手として94勝を挙げました。NPB時代から大谷もたびたび比較されたルースは「野球の神様」なのです。

日本のメディアミックス総収益は世界一

ポケモンがこれまでに生み出した収益は10兆円超え！日本発のキャラクターが世界を席巻する

２０１９年、アメリカの金融会社の TitleMax が「キャラクターメディアミックス総収益ランキング」を発表しました。それによると、日本のポケットモンスターが世界1位で、１９９６年に登場してからなんと９２１億ドル、日本円にして約10・１兆円もの総収益を挙げていることがわかりました。収益の大半がグッズによるもので、次いでビデオゲーム、トレーディングカードと続きます。上位10位のうち日本のキャラクターは5つもランクインしており、日本発のキャラクターコンテンツの影響力の強さを物語っています。

出典： TitleMax　THE 25 HIGHEST-GROSSING MEDIA FRANCHISES OF ALL TIME（2019）

メディアミックス総収益ランキング TOP10

順位		総収益
1	ポケットモンスター（日本）	10.1兆円
2	ハローキティ（日本）	8.8兆円
3	くまのプーさん（アメリカ）	8.3兆円
4	ミッキーマウス（アメリカ）	7.8兆円
5	スターウォーズ（アメリカ）	7.2兆円
6	アンパンマン（日本）	6.6兆円
7	ディズニープリンセス（アメリカ）	5兆円
8	スーパーマリオ（日本）	4兆円
9	少年ジャンプ（日本）	3.8兆円
10	ハリーポッター（イギリス）	3.4兆円

ガイチ流ひとくちメモ

スマホゲーム「ポケモンGO」は、2016年の配信以降、わずか3年間で世界10億ダウンロードを達成しました。世界各地でイベントが開かれ、中高年の歩数が増えたという報告や、メンタルヘルスにも効果ありという論文まで出ています。ホントに？

世界で最も売れている車は日本製

世界150カ国で売られているトヨタ カローラ 累計販売台数は5000万台以上！

自動車業界専門のマーケティング会社Focus2moveの調査によると、2024年に世界で最も売れた車種は、トヨタのカローラでした。カローラは世界150カ国以上で販売され、累計販売台数は2021年時点で5000万台を突破。誕生50周年を迎えた1997年に「累計販売台数世界1位」としてギネス世界記録に認定され、記録を更新し続けています。カローラに限らず、日本車は性能への信頼度が高く、アフターサービスも手厚いということで、海外からも非常に人気が高いようです。

出典：Focus2move World Car Markets:Top 50 Ranking By Model 2024

世界で最も売れている自動車の車種ランキング TOP10

順位		販売台数
1	トヨタ カローラ（日本）	90万1991台
2	テスラ モデルY（アメリカ）	86万5868台
3	トヨタ RAV4（日本）	83万6258台
4	フォード Fシリーズ（アメリカ）	73万3754台
5	ホンダ CR-V（日本）	60万1374台
6	シボレー シルバラード（アメリカ）	52万5193台
7	ヒュンダイ ツーソン（韓国）	49万7606台
8	トヨタ カムリ（日本）	47万4973台
9	キア スポーテージ（韓国）	44万8693台
10	BYD 宋（中国）	44万2275台

ガイチ流ひとくちメモ

GoogleやUber、Appleなど名だたる企業が自動車関連のAI（人工知能）開発を進めています。ドライバーが注意散漫になっている様子を検出するAIや、車の盗難を防ぐためドライバーの顔認識をするAIなど、車内向けAIが当たり前になる日も近そうですね！

世界一売れた軽スポーツカーは日本製

世界で120万台売れた日本発のスポーツカー「人馬一体」で走りに徹するマツダ ロードスター

1989年に初登場したマツダの2人乗りのオープンカー「マツダ ロードスター」は、2000年に累計生産台数が50万台を突破し、「2人乗り小型オープンスポーツカー生産累計世界一」としてギネス世界記録に認定されました。ロードスターの登場は、当時下火になっていた軽量スポーツカーというカテゴリーを復権させ、世界の自動車業界に影響を与えました。現在も記録を更新し続けていて、2023年には120万台を超えたということです。熱烈なファンが多く、限定モデルは即予約完売になるほどです。

出典：自動車雑誌『HEMMINGS』SPORTS & EXOTIC CAR Top 25 Roadstersほか

小型オープンカー累計生産台数ランキング TOP10

順位		累計生産台数（～2013）
1	マツダ ロードスター（日本）	92万7491台
2	MG MGB（イギリス）	38万6961台
3	オースティン ヒーレー・スプライト／MGミジェット（イギリス）	35万4164台
4	トライアンフ スピットファイア（イギリス）	31万4152台
5	BMW Z3（ドイツ）	26万5226台
6	ポルシェ ボクスター（ドイツ）	24万5000台
7	メルセデス ベンツSLクラス（1972-1989）（ドイツ）	23万7287台
8	メルセデス ベンツSLクラス（1989-2002）（ドイツ）	20万4940台
9	フィアット 124スパイダー／スパイダー2000／ピニンファリーナ・アズーラ・スパイダー（イタリア）	20万台
10	BMW Z4（ドイツ）	9万7950台

ガイチ流ひとくちメモ

自動車に使われるさまざまな測定単位は、国によってバラバラです。エンジン出力はPS（仏馬力）、HP（英馬力）などで表され大きさが異なり、液体の体積もガロン、リッターなどが複数使用されています。全世界で単位を統一できたらわかりやすいんですけどね……。

リニアモーターカー世界最速は日本

世界一速い超電導リニアモーターカー
東京―大阪間を最速67分で結ぶ！（はず？）

ＪＲ東海のリニアモーターカー「Ｌ０系」が時速６０３キロを記録し、「最も速い磁気浮上式鉄道」として２０１５年にギネス世界記録に認定されました。12年ぶりに自己記録を塗り替えての世界一です。通常の電車はあまりに高速で走らせると車輪が空転してしまうため、高速化には限界があります。そこで、磁石の力で浮かしてより速くしたのがリニアモーターカー。日本のリニア中央新幹線は、２０３４年以降に品川―名古屋間を営業時速５００キロ、最短40分で開通予定。その後、新大阪まで延伸される……はず？

出典： Pocket-lint　18 of the fastest trains around: The nippiest trains to grace the tracks

鉄道の最速記録ランキング TOP10

順位		速度（時速）
1	L0系（日本）	603 km/h
2	MLX01（日本）	581 km/h
3	SNCF TGV POS（フランス）	574.8 km/h
4	ML500（日本）	517 km/h
5	SNCF TGV Atlantique（フランス）	515.3 km/h
6	Transrapid SMT（上海リニアモーターカー）	500.5 km/h
7	InterCity Experimental（ドイツ）	498.9 km/h
8	CRH380BL、CRH380A（中国）	486 km/h
9	300X（日本）	442.6 km/h
10	復興号 CR400AF（中国）	434.5 km/h

世界の豆知識

2023年の時点で、世界で唯一商業運転されている高速リニアモーターカーは、上記のランキング6位の上海リニアモーターカーです。ちなみに、最も遅い急行列車はスイスのグレイシャーエキスプレスで、8時間かけて291kmの路線を走ります。なんと時速36.4km！

世界で最も売れた日本のゲーム機

4億5000万人が遊んだゲーム機！世界のゲーム機市場は日本の独壇場

　2019年、ソニーの歴代プレイステーションが「史上最も売れた家庭用ビデオゲームコンソールブランド」としてギネス世界記録に認定されました。認定の対象となった初代プレイステーションからプレイステーション4までの累計販売台数は、約4億5000万台にもなります。特にプレイステーション2は、2000年の発売当時、最先端のスペックで大ヒットし、史上最も売れたゲーム機となりました。家庭用ゲーム機市場にはソニーと任天堂という日本の二大メーカーが君臨しており、他国を圧倒しています。

出典： IGN社 Best-selling Video Game consoles of all time by unit sold（2024）

世界で最も売れているゲーム機ランキング TOP10

順位		累計販売台数
1	プレイステーション2	1億6000万台
2	ニンテンドーDS	1億5402万台
3	ニンテンドースイッチ	1億4604万台
4	ゲームボーイ／ゲームボーイカラー	1億1869万台
5	プレイステーション4	1億1720万台
6	プレイステーション	1億240万台
7	ニンテンドーWii	1億163万台
8	プレイステーション3	8750万台
9	XBOX 360	8500万台
10	プレイステーション・ポータブル	8250万台

世界の豆知識

世界で最も売れなかったゲーム機といわれているのが、アップルとバンダイが共同開発した「ピピンアットマーク」で、販売台数は約4.2万台。1996年当時で599ドル（日本では基本セットが4万9800円）という高価格が影響したようです……。

世界最細・最短の注射針は日本製

糖尿病患者も安心、世界最細の「こわくない注射針」日本製医療機器の輸出競争力は世界トップクラス

医療機器の国内最大手であるテルモは、長さ3ミリ、外径34G（0・18ミリ）の世界で最も短く、かつ最も細い注射針「ナノパスJr.」を開発しました。主にインスリンや成長ホルモンなどの自己注射に使用されます。皮膚表面には1平方センチあたり100~200個の痛点が分布しており、針を細くすることで痛点に接触する確率を下げることができます。短く細い針は、注射への恐怖心を和らげ、治療を続けやすくすることにつながります。ナノパスJr.には世界中から注文が相次ぎ、欧米やアジア各国で使用されています。

出典：テルモHPほか

糖尿病死亡率が低い国ランキング　TOP10

順位		10万人当たりの死亡者数
1	日本	6.2人
2	フィンランド	9.4人
3	スイス	10.2人
4	ルクセンブルク	11.9人
5	アイスランド	13.6人
6	オランダ	13.9人
7	スロバキア	15.4人
8	スペイン	16人
9	スウェーデン	17.4人
10	韓国	17.7人

※使い捨て注射器を使用することの多い糖尿病患者に関して、死亡率の低い国のランキング（OECD調査2021より）を掲載

世界の豆知識

世界の医療界では現在、アメリカの手術支援ロボット「ダヴィンチ」が、約7割というトップシェアを占めています。しかし2019年に特許切れとなり、日本をはじめ世界中が手術支援ロボットの開発競争に乗り出しています。医療ミスも減ることでしょう。

日本は産業用ロボット輸出額世界一

世界の産業用ロボットの半数がメイド・イン・ジャパン確かな技術力で世界を牽引する

理系分野の危機が叫ばれる現在、意外かもしれませんが日本は世界トップクラスのロボット大国です。産業用ロボットの稼働台数は中国に引き離されてしまったものの、輸出額では堂々の世界1位です。日本は国内で生産している産業用ロボットの7割を海外に輸出しており、世界の産業用ロボットの約5割が日本製だといわれています。溶接・塗装ガンを搭載した多関節ロボットや、加工や検査に特化したアクチュエーター系ロボット、クリーンルームで用いられる搬送ロボットなどがさまざまな業種で活躍しています。

出典：World's Top Exports .com（WTEx） Top Industrial Robots Exporters（2024）

産業用ロボット輸出額ランキング TOP10

順位		輸出額（米ドル）	世界シェア
1	日本	22億ドル	30.6%
2	ドイツ	7億6640万ドル	10.9%
3	中国	4億5140万ドル	6.4%
4	デンマーク	3億8690万ドル	5.5%
5	イタリア	3億6720万ドル	5.2%
6	スウェーデン	3億6670万ドル	5.2%
7	アメリカ	3億3330万ドル	4.7%
8	フランス	3億1600万ドル	4.5%
9	韓国	2億1500万ドル	3.1%
10	オランダ	1億7910万ドル	2.5%

世界の豆知識

2017年、日米巨大ロボット対決が実現し、オンライン配信され話題になりました。米MegaBotsの「Iron Glory（MK2）」「Eagle Prime（MK3）」と水道橋重工の「クラタス」が戦い、1勝1敗の結果となりました。ロボットのe-sports化も近いかもしれませんね！

定時運航率世界一の羽田空港

たゆまぬ努力で時間に正確な空港世界1位に最新システムを導入した利便性の高さも注目

イギリスを拠点に航空関連情報の収集や提供を行うOAG Aviation Worldwide Limitedが発表した、世界の航空会社と空港の定時運航率の総合ランキング「OAG Punctuality League 2023」の大規模空港部門において、羽田空港（東京国際空港）が3年連続の世界1位となりました。

羽田空港は、国内線と国際線などの豊富な路線・便数で他の空港と比較して優位性があり、加えて快適さや清潔さ、利便性なども世界トップレベル。発着数に至っては世界で4番目に多いです。

出典：OAG Punctuality League 2023　TOP20 MEGA AIRPORTS by OTP

定時運航率（大規模空港部門）ランキング TOP10

順位		定時運航率
1	羽田空港（日本）	88.06%
2	アトランタ・ハーツフィールド・ジャクソン国際空港（アメリカ）	80.08%
3	シアトル・タコマ国際空港（アメリカ）	79.88%
4	ヒューストン・ジョージ・ブッシュ国際空港（アメリカ）	79.72%
5	シャーロット・ダグラス国際空港（アメリカ）	79.59%
6	ロサンゼルス国際空港（アメリカ）	78.63%
7	シカゴ・オヘア国際空港（アメリカ）	77.86%
8	フェニックス・スカイ・ハーバー国際空港（アメリカ）	76.80%
9	ダラス・フォートワース国際空港（アメリカ）	76.15%
10	マイアミ国際空港（アメリカ）	73.97%

ガイチ流ひとくちメモ

今回は残念ながらランク外だった伊丹空港（大阪国際空港）は、騒音被害に対し、近隣住民が夜間飛行差し止めと損害賠償を請求した訴訟で有名。1981年、最高裁は高裁が認めた差し止め請求を却下しましたが、「環境権」を広く世に問うた訴訟です。

日本は深海の面積が世界一広い！

人類未踏の領域「超深海」は日本の排他的経済水域が最も広く有している！

海の深い部分のことを「深海」といいますが、水深6000メートル超の領域を「超深海」といい、全体の約2％しかありません。この超深海の面積に限ると、日本はなんと世界1位です。なお、左ページのランキングは深さのものです。超深海は、人類にとって未踏の領域。海洋研究において最後に残されたフロンティアともいわれています。そんな超深海を、日本は自国の排他的経済水域（EEZ）の中で最も広く有している（6％）ことから、超深海の研究・開発において他国をリードできる立場にあり、今後が期待できます。

出典： Marine Insight ／ Top 10 Deepest Parts Of the Oceanほか

世界で最も深い海溝ランキング TOP10

順位		深さ
1	マリアナ海溝	11034m
2	トンガ海溝	10882m
3	フィリピン海溝	10540m
4	千島海溝	10500m
5	ケルマデック海溝	10040m
6	伊豆・小笠原海溝	9780m
7	日本海溝	9000m
8	プエルトリコ海溝	8640m
9	サウスサンドウィッチ海溝	8420m
10	ペルー・チリ海溝	8060m

世界の豆知識

深海は地球上で唯一人間が到達していないため、宇宙よりもたどり着くのが難しいといわれています。そして、地球上の海全体のうち、約95%が深海です。地球における海の割合は約70%ですので、我々は地球のことを約66.5%以上知らないのです。

世界一長生きした男性は日本人

史上最も長生きした男性は激動の明治生まれ 長寿の秘訣は「食細くして命永かれ」

平均寿命が87歳台と、日本人の女性は世界一の長寿（世界最高齢だった糸岡富子さんは2024年末に116歳で亡くなりました）ですが、約6歳平均寿命が短い男性も世界2位です。100歳以上の人々の年齢証明を行っているアメリカのジェロントロジー・リサーチ・グループ（GRG）は、スーパーセンテナリアン（110歳以上の人）のうち歴代最高齢男性は日本人の木村次郎右衛門さんであると認定しています。1897（明治30）年に京都府に生まれ、2013（平成25）年に116歳で亡くなりました。

出典：Gerontology Research Group（GRG's official tables of supercentenarians 2024）

歴代最高齢男性ランキング TOP10

順位		年齢
1	木村次郎右衛門（日本）	116歳54日
2	クリスチャン・モーテンセン（アメリカ）	115歳252日
3	エミリアーノ・メルカド・デル・トロ　（プエルトリコ）	115歳156日
4	フアン・ビセンテ・ペレス・モラ（ベネズエラ）	114歳311日
5	トマス・ピナレス・フィゲレオ（ドミニカ共和国）	114歳177日
6	オラシオ・セリ・メンドーサ（ペルー）	114歳265日
7	ウォルター・ブルーニング（アメリカ）	114歳205日
8	中願寺雄吉（日本）	114歳189日
9	ホアン・リウダヴェッツ・モル（スペイン）	114歳81日
10	フレッド・ヘイル（アメリカ）	113歳354日

※GRGが検証済みの人物のみランキング

ガイチ流ひとくちメモ

歴代最高齢の女性はフランスのジャンヌ・カルマンで、122歳（1997年没）だとされています。しかし、近年の研究では信ぴょう性が疑われ、娘のイヴォンヌが相続税逃れのため1934年に死んだ母親と入れ替わったのではないか、という説もあります。何がなんだか……。

世界一長生きした双子は日本人

大正、昭和、平成、令和の4時代を生きた双子 ウメノさん・コウメさんはギネス世界記録保持者

日本の双子長寿姉妹、「きんさん・ぎんさん」こと、成田きんさんと蟹江《かにえ》ぎんさんは、100歳を過ぎても元気であったことからマスメディアに注目されました。1991年に放送されたCMの「きんは100歳、ぎんも100歳」というただ事実を述べた言葉は流行語大賞に選ばれ、テレビ出演やCDデビューまで果たしました。しかし、2021年に炭山ウメノさんと兒玉コウメさんが、ギネス世界記録「存命中の最高齢の一卵性双生児」で、きんさん・ぎんさんの持つギネス世界記録を破り、話題になりました。

出典：Gerontology wiki（Some of the oldest twins recorded）

歴代最年長の双子ランキング　TOP10

順位		没年齢
1	炭山ウメノ／兒玉コウメ（日本）	109歳／108歳
2	マリア・アヌンシアダ・サンタナ／マリア・ド・カルモ・サンタナ（ブラジル）	108歳／110歳
3	成田きん／蟹江ぎん（日本）	107歳／108歳
4	アリス・ヒル／マギー・ランベス（アメリカ）	105歳／106歳
5	アラン・シーシア・ジャクソン／アレン・チャールズ・ジャクソン（バハマ／アメリカ）	105歳／不明
6	グレン・モイヤー／デイル・モイヤー（アメリカ）	105歳／109歳
7	エレン・ロバートソン／サラ・ジャンムージャン（カナダ）	105歳／105歳
8	ユージニア・コリンズ／アリス・リンジー（オーストラリア）	105歳／111歳
9	マリー・オディール・マルシル／マドレーヌ・シャテラン（フランス）	105歳／108歳
10	レイモンド・サウマド／ルシアン・グレア・ラショー（フランス）	105歳／108歳

※共に生きた年月日の長い順にランキング

世界の豆知識

ナイジェリアは世界で最も双子の出生率が高い国のひとつで、特にヨルバ人が多く住むイグボ=オーラは「双子の町」とも呼ばれ、ほぼ全家庭に1組の双子がいるといわれています。原因は諸説ありますが、はっきりとした根拠が示されているわけではありません。

日本の病院数は世界一

世界的に突出して多い病院数
誰でも医療が受けられる安心の国

経済協力開発機構（ＯＥＣＤ）の公表しているデータによると、２０２２年の世界の病院数１位は日本で、８１５６の病院があります。日本の場合、医療法で病院の定義は「入院施設としてベッド数が20床以上」と定められていて、それ以下の床数は一般診療所とされています。ちなみに厚生労働省の調査によると、一般診療所は２０２３年７月の時点で10万５３３１施設ありました。日本は世界一の病院数と国民皆保険制度のおかげで、誰でも、いつでも、どこでも医療機関にかかることができます。

出典： OECD（Organisation for Economic Co-operation and Development）

病院数ランキング　TOP10

順位		病院数
1	日本	8156
2	アメリカ	6120
3	メキシコ	5019
4	韓国	4252
5	ドイツ	2982
6	フランス	2976
7	イギリス	2001
8	トルコ	1555
9	オーストラリア	1325
10	ポーランド	1059

ガイチ流ひとくちメモ

人口10万人当たりの病院数・看護師数・外来患者数や、一人当たりの医療費負担額が全国1位の都道府県はご存知ですか？　答えはなんと人口45位の高知県。私はお遍路で歩いたり、3年間土佐塾高校の寮で授業していたのでわかりますが、確かに「病院王国」でしたね。

世界一赤ちゃんが安全に生まれる日本

日本は最も赤ちゃんが安全に生まれる国
新生児が生き延びる可能性は、最貧国の50倍

国連児童基金（ＵＮＩＣＥＦ《ユニセフ》）の新生児の死亡に関する報告書「Every Child ALIVE」（２０１８）によると、日本で生まれた赤ちゃんは生存する可能性が最も高く、パキスタンや中央アフリカ共和国で生まれた赤ちゃんは生存する可能性が最も低いことが明らかになりました。日本の新生児の死亡割合は１１１１人に１人ですが、最も死亡率の高いパキスタンでは22人に１人です。日本は紛争もなく、諸外国と比べて平和で、医療も充実しており、妊婦や生まれてくる赤ちゃんへのケアも行われていることがわかります。

出典：UNICEF「Every Child ALIVE」（2018）

新生児の死亡する割合が最も低い国ランキング

順位		新生児死亡割合
1	日本	1111人に1人
2	アイスランド	1000人に1人
3	シンガポール	909人に1人
4	フィンランド	833人に1人
5	エストニア	769人に1人
	スロベニア	769人に1人
7	キプロス	714人に1人
8	ベラルーシ	667人に1人
	ルクセンブルク	667人に1人
	ノルウェー	667人に1人
	韓国	667人に1人

ガイチ流ひとくちメモ

日本では出産後、自然分娩なら5日〜1週間、帝王切開なら1週間から10日程度入院をします。一方、欧米では出産翌日に退院することも珍しくありません。ふたりの子を産んだ妻の大変さを（隣の待機室で）目撃した私からすれば、信じられないことですが……。

日本の野球・ソフトボールは世界最強レベル

侍ジャパンとソフトジャパンが他国を大差で圧倒
男子・女子野球ともに世界1位の理由は技術力!?

世界野球ソフトボール連盟の2024年のランキングで、野球男子で日本が世界1位に輝きました。なお、日本は野球女子も世界ランキング1位となりました。ソフトボール女子はアメリカに次いで2位となっており、野球、ソフトボールともに世界の強豪として君臨しています。日本が強いのは、（アメリカほどではなくても）野球の歴史が古いこと、プロだけでなく社会人、大学、高校、リトルリーグなど裾野が広く競技人口が多いこと、そして技術レベルが高いことが理由だといわれています。

出典：世界野球ソフトボール連盟　Men's baseball ranking methodology（2024）

野球男子世界ランキング TOP10

順位		評価スコア
1	日本	5756
2	メキシコ	4118
	台湾	4118
4	ベネズエラ	3941
5	アメリカ	3687
6	韓国	3680
7	オランダ	3534
8	プエルトリコ	3122
9	キューバ	2814
10	パナマ	2587

※2024年９月時点

世界の豆知識

2019年、MLBのマニー・マチャド内野手が、パドレスと10年で総額３億ドル（約330億円）という当時の史上最高額の契約を結び、話題になりました。日本人メジャーリーガーで歴代最も年俸が高いのはドジャースの大谷翔平選手で、7000万ドル（約105億円）です。

野球の世界記録を多数保持するイチロー

イチローはギネス世界記録を7つも持っている！日本人野手初のメジャーリーガーとして伝説を残す

２０１６年、当時マーリンズのイチロー選手がパドレス戦でマークした日米通算４２５７安打目が、ギネス世界記録として認定されました。イチロー選手の持つ世界記録は、メジャールーキー最多２４２安打（２００１年）、メジャーシーズン最多２６２安打（２００４年）、メジャー1シーズン連続39盗塁（２００６年）、メジャーオールスター史上初のランニング本塁打（２００７年）、メジャー最多10度のシーズン２００安打達成、メジャー最長10年連続シーズン２００安打達成（２００１～２０１０年）があります。

出典：BASEBALL REFERENCEほか

歴代通算安打数ランキング TOP10

順位		通算安打数
1	イチロー	4367本
2	ピート・ローズ	4256本
3	タイ・カッブ	4189本
4	ハンク・アーロン	3771本
5	スタン・ミュージアル	3630本
6	トリス・スピーカー	3514本
7	デレク・ジーター	3465本
8	キャップ・アンソン	3435本
9	ホーナス・ワグナー	3420本
10	カール・ヤストレムスキー	3419本

※2024年シーズン終了時点

世界の豆知識

メジャーリーグ日本人初（アジア人初）の選手となったのは、1964年、村上雅則投手です。また、日本人初のホームランを打ったのは、1998年、なんと野茂英雄投手です。ちなみに、過去に最も多く日本人選手が在籍したのは、ニューヨーク・メッツ（計14名）です。

通算本塁打数世界記録を持つ王貞治

初の国民栄誉賞受賞者でもある日本野球界のレジェンド

　現在、福岡ソフトバンクホークス取締役会長終身ＧＭや日本プロ野球名球会顧問を務める中華民国（台湾）籍の王貞治《さだはる》氏は、メジャーリーガーを含む歴代選手の通算本塁打数において、８６８本の世界記録を持っています。

　このほか、王氏はシーズン四球（１５８個）、シーズン敬遠（45回）、通算得点（１９６７点）、通算塁打（５８６２塁打）、通算打点（２１７０打点）、通算四球（２３９０個）、通算敬遠（４２７回）、通算長打率（・６３４）などの日本記録を持ち、１９７７年に国民栄誉賞を初めて受賞しました。

出典：日本野球機構HP、BASEBALL REFERENCEほか

通算本塁打数ランキング TOP10

順位		通算本塁打数
1	王貞治	868本
2	バリー・ボンズ	762本
3	ハンク・アーロン	755本
4	ベーブ・ルース	714本
5	アルバート・プホルス	703本
6	アレックス・ロドリゲス	696本
7	ウイリー・メイズ	660本
8	野村克也	657本
9	ケン・グリフィー Jr.	630本
10	ジム・トーミ	612本

※2024年シーズン終了時点

ガイチ流ひとくちメモ

通算本塁打数8位にランクインしている故・野村克也氏は、通算打席（11970打席）、通算打数（10472）、通算犠飛（113犠飛）などで日本記録を保持しています。王・長嶋（ON）と並び、球界を代表する偉大なレジェンドでした。

スキージャンプWC最多勝の高梨沙羅

世界記録を塗り替える天才女子ジャンパー
高梨沙羅の今後にますます注目

2023～2024年シーズン終了時点で、女子スキージャンプのワールドカップ通算勝利数世界一は、日本の高梨沙羅選手です。女子ジャンプのワールドカップが初めて開催されたのが2011～2012シーズンで、オリンピックが初めて開催されたのが2014年なので、女子ジャンプの歴史は浅いですが、その中でも高梨選手の63勝という記録は男女合わせても歴代最高記録です。最年少記録を次々と打ち立て、今後も活躍が期待されている高梨選手。近年磨きをかけているルックスにも注目が集まります。

出典： FIS SKI JUMPING Statistics

スキージャンプ女子ワールドカップ通算勝利数ランキング

順位		ワールドカップ勝利数
1	高梨沙羅（日本）	63
2	マーレン・ルンビ（ノルウェー）	30
3	ダニエラ・イラシコ＝シュトルツ（オーストリア）	16
4	マリタ・クラマー（オーストリア）	15
	カタリナ・アルトハウス（ドイツ）	15
	エバ・ピンケルニヒ（オーストリア）	15
7	サラ・ヘンドリクソン（アメリカ）	13
8	伊藤有希（日本）	9

※2024年3月時点

世界の豆知識

ギネス認定されている世界最大のスキージャンプ台は、ノルウェーのヴィケルスンジャンプ競技場で、ヒルサイズ225mにもなります。2017年、オーストリアのステファン・クラフト選手がこのジャンプ台で253.5mの世界記録を出しました。まさに鳥人《ちょうじん》！

第2章

日本の意外な世界一

世界で最も漏水しない都市は福岡市

世界に誇る日本の水道技術
中でも福岡市は世界一

漏水率《ろうすい》という指標があります。都市の水道で、家庭などに配水される水量のうち、水道管から漏れてしまっている水量の割合のことです。この漏水率の低さで世界1位に輝いたのが、日本の福岡県福岡市だったのです。その漏水率は2％。日本国内の他の都市と比べると、札幌市が2・1％で2位、名古屋市とさいたま市が2・2％で同率3位です。世界の都市では6位はマドリードで2・6％、10位はコペンハーゲンの4％。日本でも8・2％の静岡市などもあるので、福岡市は特に漏水しない都市なのです。

出典：福岡アジア都市研究所　漏水率データ（大都市比較）

世界の漏水率が低い都市ランキング TOP10

順位		漏水率
1	福岡市（日本）	2.0%
2	札幌市（日本）	2.1%
3	名古屋市（日本）	2.2%
	さいたま市（日本）	2.2%
5	広島市（日本）	2.5%
6	マドリード（スペイン）	2.6%
7	仙台市（日本）	3.1%
8	新潟市（日本）	3.3%
9	東京都区部（日本）	3.7%
10	コペンハーゲン（デンマーク）	4.0%

世界の豆知識

日本で水道インフラの管理を行っているのは、主に市町村などの自治体です。それに対し、海外では国が設立した公社や民間企業が水道インフラの管理を行っている国もあります。途上国の都市化や人口増加などもあり、水ビジネス市場は拡大を続けているそうです。

日本人は世界一ひとり旅好き

日本人はひとり旅が大好き！
たったひとりで行くのは国内旅行か

総合旅行サイト、エクスペディア・ジャパン（現：エクスペディア）がまとめた２０１６年の調査では、「ひとり旅を好む」日本人の割合は29％。世界一のひとり旅好きだとの結果がわかりました。

反対に「恋人・夫婦」で旅行に行った割合は27％で、世界で2番目に少ない結果になっています。それでは日本人は、どこへひとり旅をしているかというと、ミレニアル世代（18歳～34歳）の約70％が「過去1年以内に国内旅行をした」と回答。圧倒的に国内旅行の人気が高いようです。ホントに？

出典：総合旅行サイト、エクスペディア・ジャパン

ひとり旅を好む人の割合ランキング TOP10

順位		割合
1	日本	29%
2	アメリカ	20%
3	韓国	18%
4	フランス	14%
5	ブラジル	13%
6	オーストリア	10%
	香港（中国）	10%
8	インド	8%
9	イタリア	7%
	スペイン	7%
	シンガポール	7%

ガイチ流ひとくちメモ

43歳で大学に入り直して地理学の講義で聞いた話。エスニックタウンに詳しいY教授いわく、中国系と台湾系の料理店の見分け方があるそう。中国系店主の店にはカウンターがない！　戦前、日本が統治していた台湾は、アジアでは珍しい「おひとりさま文化」を理解している？

日本人は世界一潔癖症？

キレイ好きなのか、神経質なのか
清潔は日本文化の特性

総合旅行サイト、エクスペディア・ジャパン（現：エクスペディア）は、2018年に23カ国の男女18229名を対象にした、ホテルでのマナーに関する調査を行いました。そのうちの「ホテルの部屋にチェックインした際にあったら嫌なこと」の質問では、「シャワー室に髪の毛が落ちていること」が「許せない」と回答した日本人は38％で世界一の結果でした。

これは、常に浴槽を清潔にしておく習慣のある日本の風呂文化ならでは。細かいことが気になるのが、日本人の国民性なのかもしれません。

出典：総合旅行サイト、エクスペディア・ジャパン

「シャワー室に髪の毛が落ちているのは許せない」と回答した人の割合ランキング　TOP10

順位		割合
1	日本	38%
2	スペイン	36%
3	メキシコ	32%
4	韓国	31%
5	インド	25%
6	ブラジル	23%
	フランス	23%
8	香港（中国）	19%
9	アメリカ	17%
10	シンガポール	14%

世界の豆知識

同調査において、日本人がホテルの部屋を変えてもらう理由として最も多く選んだのが、「悪臭がしたり、シーツが汚れていたりと、部屋が汚い」という項目でした。8割の日本人は、こうした状態の部屋に我慢ができないようです。うーん……、でも当然ですよね？

日本人は世界一「座席侵入を我慢」している!?

嫌がらせにもじっと耐えるのは日本人の美徳か、悪い癖か

総合旅行サイト、エクスペディア・ジャパン（現：エクスペディア）は、2019年に世界23カ国の男女18237名を対象にした「フライトにおける迷惑マナーに関する国際比較調査」を実施しました。機内で「隣の人が自分の座席スペースにはみ出てきたとき」、26％の日本人が「無視をして我慢する」と回答。世界一、何もいえず我慢をする国民性のようです。反対に「直接本人に指摘する」と答えた日本人も25％いましたが、これは調査対象の世界23カ国の中で最下位でした。予想通りですね。

出典：総合旅行サイト、エクスペディア・ジャパン

座席侵入を我慢する割合ランキング TOP10

順位		割合
1	日本	26%
2	イタリア	23%
	アメリカ	23%
4	カナダ	22%
5	ニュージーランド	21%
	マレーシア	21%
7	イギリス	20%
	台湾	20%
9	シンガポール	18%
10	香港（中国）	17%

世界の豆知識

「空港や機内において、どんな振る舞いをする人を迷惑や不快に感じるか」の質問では、日本人の1位・39％の回答が「酔っ払いの乗客」というものでした。これは世界の平均でもまったく同一の回答でした。制御不能なものを嫌うのは万国共通！

日本人は世界一旅行先で不用心？

国内の治安の良さに慣れすぎた日本人は安全ボケしている!?

総合旅行サイト、エクスペディア・ジャパン（現：エクスペディア）が2018年に行った「ホテルに関する意識の国際比較調査」では、日本人は旅行先で、世界一不用心だという結果が出ました。これも予想通りですね。

宿泊したホテルの客室で、貴重品をハウスキーパーの目に触れない場所に隠すかを質問したところ、日本人は世界で最も低い9％のみが「隠す」と回答しました。日本国内は、犯罪が少なく治安が良いことから、日本人の不用心な気質が生まれたと思われます。まあ、美点とも言い換えられますが……。

出典：総合旅行サイト、エクスペディア・ジャパン

貴重品をハウスキーパーから「隠す」と回答した人の少なさランキング　TOP10

順位		割合
1	日本	9%
2	ブラジル	16%
3	韓国	20%
4	香港（中国）	23%
5	シンガポール	24%
	インド	24%
7	フランス	26%
8	メキシコ	36%
9	スペイン	41%
10	アメリカ	50%

ガイチ流ひとくちメモ

私は30歳の頃、奥飛騨の温泉旅館に住み込みで働いていました。夜・朝と宿泊客が別室でお食事中に客室に入り蒲団の上げ下ろしをするのですが、ほとんどのお客さんが貴重品金庫を使用していませんでした。中には「お蒲団ありがとね」とメモを置いてくれる人も。

日本人は世界一、大手チェーンホテル好き？

不自由なく過ごすためのチョイス？日本人の選ぶホテルの信頼性

総合旅行サイト、エクスペディア・ジャパン（現：エクスペディア）が行った2018年の「ホテルに関する意識の国際比較調査」では、旅行先の宿舎を予約する場合、日本人の69％が、第一候補に大手チェーンのホテルを選ぶと回答しています。これは調査国中、1位の割合です。

日本人は、英語が苦手な人が多いため（もしくはブランドへの信頼感が強いため）、信頼できる大手チェーンを選ぶ傾向があるようです。だからこそ、警戒心が薄れ、世界一不用心にもなってしまうのかもしれません。

出典： 総合旅行サイト、エクスペディア・ジャパン

大手チェーンホテルを選ぶ人の割合 TOP10

順位		割合
1	日本	69%
2	アメリカ	59%
	メキシコ	59%
4	スペイン	55%
5	韓国	53%
6	シンガポール	49%
	香港（中国）	49%
8	フランス	42%
9	ブラジル	31%
10	インド	29%

世界の豆知識

日本人が、ホテルの施設やサービスとして重要視するもののうち、他国の利用客には関心が高い「レストラン・バー」「プール」「ルームサービス」なども低い割合です。利用可能な施設・サービスよりも、日本人はホテルのブランド自体を重視しているようです。

エベレストに登頂した最年長は日本人

3度の高齢登頂に成功
三浦氏が80歳でエベレスト登頂

２０１３年5月23日、プロスキーヤーで登山家でもある三浦雄一郎氏が、80歳で3度目のエベレスト登頂に成功しました。これまでに70歳、75歳と２度登頂に成功していましたが、この80歳時の登頂は世界最年長の記録でした。

それまでの最年長記録を約４歳も上回る大記録。三浦さんは76歳のときにスキー中の事故で骨盤と大腿骨を折る大怪我を経験したものの、その後完治し、持病だった不整脈も7度の手術を経て克服していました。登頂は、息子の三浦豪太氏らとともにチーム全員で成し遂げた快挙でした。

出典： Wikipedia ／ List of Mount Everest records　Oldest summiters

エベレスト登頂時の年齢ランキングTOP10

順位		年齢
1	三浦雄一郎（日本）	80歳224日
2	ミン・バハドゥール・シェルチャン（ネパール）	76歳340日
3	三浦雄一郎（日本）	75歳227日
4	アーサー・ベネット・ミューア（アメリカ）	75歳134日
5	柳沢勝輔（日本）	71歳61日
6	荒山孝郎（日本）	70歳225日
7	三浦雄一郎（日本）	70歳222日
8	マリオ・フェルナンド・ヴィラグラン（エクアドル）	66歳139日
9	マリオ・クルニス（イタリア）	66歳
10	石川富康（日本）	65歳176日

世界の豆知識

エベレストは世界最高峰の山ですが、世界の高い山TOP10は2位のK2を除いて、すべてがエベレストと同じヒマラヤ山脈にある山です。さらに、ヒマラヤ山脈は地殻変動によって毎年数ミリずつ高くなっているので、遠い未来にはTOP10がすべてヒマラヤ山脈になるかも？

世界一短いエスカレーターは川崎にある

乗っている時間はたった8秒 小さな観光名所プチカレーター

高層建築での商業施設などで利便性を発揮するエスカレーター。世界一短いエスカレーターは、神奈川県川崎市の商業施設「川崎モアーズ」と「川崎アゼリア」を結ぶ地下連絡通路に、1989年に設置されました。段差83・4センチ（5段）、乗っている所要時間はわずか8秒という短さで、1991年にギネス世界記録に認定されました。

これを記念し、愛称を募集。約1500件の応募があった中から、審査の結果「プチカレーター」に決定しました。

出典：Guinness World Records

川崎にある世界一短い「プチカレーター」。急速な高齢化が進む昨今、足腰の弱い高齢者にとってはありがたい存在かもしれない。

ガイチ流ひとくちメモ

エスカレーターが「右乗り」なのが関西（荷物を守るため?）、「左乗り」が関東。私は京都出身ですから、大学入学のため上京したとき、かなり驚きました。今では新幹線を降りた新大阪駅で左に立ってしまい、後ろから「どもならん奴《やっ》ちゃな！」と舌打ちされたりしています。

埼玉県行田市にある世界最大の田んぼアート

日本の新しい芸術文化!?
自然を利用した巨大な芸術作品

田んぼをキャンバス代わりに、色彩の異なる複数の稲を植え、文字や図柄などを表現するのが「田んぼアート」です。

2015年、田植えボランティアや一般参加者813人によってつくられた埼玉県行田《ぎょうだ》市の田んぼアートが、世界最大としてギネス世界記録に認定されました。その大きさの公式記録は27195平方メートル。全体を眺めるには、隣接する古代蓮《はす》会館の展望室に昇らなければならないほど。田んぼアートは、毎年話題となるほど人気の埼玉観光スポットです。翔《と》んでる？

出典：Guinness World Records

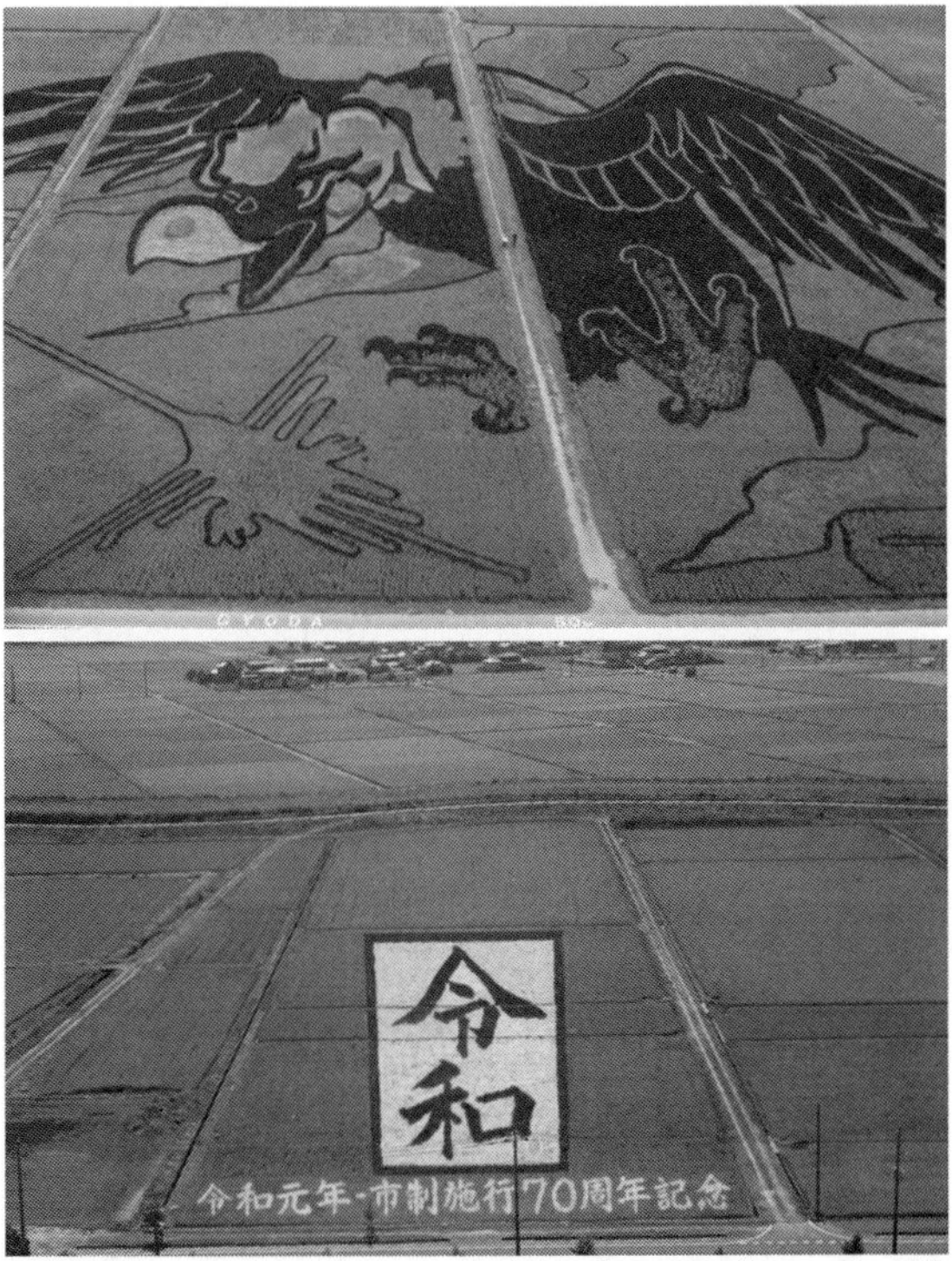

田んぼアートには、白色の「ゆきあそび」、紅色の「べにあそび」といった、観賞用の稲が用いられている。

ガイチ流ひとくちメモ

田んぼアートはあまりにも大きいため、見る地点によっては角度がついてしまいます。なので下絵は最初から、ある一点から見たときの角度を計算してつくられます。つまり、田んぼアートは見る場所が限定されたアートなのです。それにしても面白い発想ですよね。

世界一狭い海峡　土渕海峡

走り幅跳びで飛び越えられる？ でも、水路ではなく海峡です

海峡とは、その名の通り陸地によって海が狭められた場所のこと。海峡は海上交通の要衝として世界中にありますが、ギネス世界記録に認定された「世界一狭い海峡」は、香川県小豆郡土庄町《とのしょうちょう》の小豆島と前島の間にある「土渕《どふち》海峡」です。その全長は約２・５キロと長いものですが、幅は最も狭い部分で9・93メートルしかありません。ちなみに走り幅跳びの世界記録は８・95メートル（惜しい？）。最狭部分には、香川県道26号土庄福田線の永代橋が架かっているので、車で横断できる海峡というわけです。

出典：Guinness World Records

香川県小豆島の永代橋の奥にあるフレトピア公園。「世界一狭い　土渕海峡　ギネスブック認定」と銘打たれ、観光スポットになっている。

世界の豆知識

反対に、ギネスブックで世界一幅の広い海峡として認定されているのが、南アメリカ・ホーン岬とサウス・シェトランド諸島との間にあるドレーク海峡です。この海峡は、最狭部でも約650kmもの距離があります。

世界一の豪雪地帯は日本にある？

世界有数の豪雪都市に日本の街が４つもランクイン！

アメリカのエンタテインメント情報メディア「The Richest」によれば、２０１５年の人口10万人以上の都市の年間降雪量を比べると、世界で一番雪が降るのは日本の青森市で、２位に札幌市、３位に富山市、８位に秋田市がランクイン。日本では豪雪地帯対策特別措置法に基づき、青森市と富山市の一部地域は特別豪雪地帯に指定されています。青森市とほぼ同緯度のニューヨーク市の１９８１年から２０１０年の年平均降雪量は66センチなので、冬に北西の季節風が吹く日本が、いかに雪が降りやすいかがわかるでしょう。

出典：The Richest

世界の豪雪都市ランキング TOP10

順位		年間降雪量
1	青森市（日本）	792cm
2	札幌市（日本）	485cm
3	富山市（日本）	363cm
4	セント・ジョーンズ（カナダ）	333cm
5	ケベック（カナダ）	315cm
6	シラキュース（アメリカ）	314cm
7	サグネー（カナダ）	312cm
8	秋田市（日本）	272cm
9	ロチェスター（アメリカ）	251cm
10	バッファロー（アメリカ）	241cm

※2015年データを参照

ガイチ流ひとくちメモ

実は一度の積雪量の世界記録も日本が保持していますが、どの都道府県でしょう？　正解は近畿地方の滋賀県。1927(昭和2)年、岐阜県との境にある伊吹山で観測された1182cmで世界一。知人に滋賀県民はたくさんいますが、ほとんど誰も知らなかった……。

世界最大の〝ひょう〟は埼玉県に降った？

大正時代に日本で降った驚愕の世界記録

空から氷の塊《かたまり》が降ってくる〝ひょう〟は、異常気象が続く近年では珍しい現象ではなくなってきました。これまで、各国の気象台が巨大なひょうを記録してきましたが、世界一の大きさを誇るのは日本のものです。中央気象台が発行した『気象要覧』によれば、１９１７年６月29日、埼玉県長井村（現熊谷市《くまがやし》）で計測されたひょうは、「七寸八分」（約24センチ）、同日、近隣の中條（条）村では「九百匁《もんめ》」（３３７５グラム）のものが降りました。熊谷の盆地特有の暑さが、巨大な積乱雲をつくり出したのかもしれません。

出典：中央気象台

世界の大型ひょうの被害

1917年6月29日 埼玉県中條(条)村(現熊谷市)

ひょうの重さ：900匁 (3375g)
被害：一尺七寸 (約52cm) の穴が田んぼに空いた

2000年5月24日 茨城県・千葉県

ひょうの大きさ：ミカンくらいの大きさ
被害：建物の窓ガラスが割れる　木製ドアを貫通
　　　負傷者100名以上

2014年11月27日 オーストラリアのブリスベン

状況：ひょうを伴った暴風雨が30分間
被害：約40人が負傷　車15000台以上　住宅2500棟以上

2020年10月27日 リビアのトリポリ

ひょうの大きさ：バレーボール大 (直径約20cm)

世界の豆知識

アメリカの気象局によれば、2010年7月にサウスダコタ州のビビアンという町で降ったひょうが、全米史上最大だとしています。その大きさは「直径８インチ」(20.32cm)だったとか。これはフットサルのボールほどの大きさです。当たったらひとたまりもありませんね……。

日本のビニール傘の消費数は世界一？

使い捨て感覚が原因か
忘れたままにされがちな傘

温暖湿潤気候で降水量の多い日本では、年間1・3億本の傘が消費されています。そのうち8000万本がビニール傘と推測され、その消費量は世界一といわれています。しかし、国内の遺失物の31％が傘というデータもあり、また傘の拾得数に対する遺失物届数の割合はわずか1・8％だそうです。毎年、大量に買われて紛失され、そのままになってしまう傘はとても多いのです。その原因になっているのは、「ビニール傘は使い捨て」の感覚で使われているからや「持っていってもいいだろ」と盗難されるからと考えられます。

出典： 財務省貿易統計、ウェザーニューズ「Global Umbrella Survey Results」

一人当たりの傘の所持本数ランキング TOP10

順位		本数
1	日本	3.3本
2	スウェーデン	3.0本
	タンザニア	3.0本
	南アフリカ	3.0本
5	韓国	2.8本
6	台湾	2.3本
7	ロシア	2.2本
	中国	2.2本
9	アメリカ	2.1本
10	アイルランド	2.0本
	インド	2.0本
	タイ	2.0本
	チリ	2.0本
	フィリピン	2.0本

※2014年データを参照

ガイチ流ひとくちメモ

好きな短歌があります。「ほんとうに あたしでいいの？ ずぼらだし　傘もこんなに　たくさんあるし」（岡本真帆）。彼女、歌人＆作家＆編集者。スゴい才能ですよね。ちなみに私は、しょっちゅう傘を買ってます……（笑）。

世界最大の登り窯は日本にあった！

陶器を大量生産するために考案された170メートルもの長大な窯の遺跡

長崎県東彼杵郡波佐見町《はさみちょう》にある大新登窯跡《おおしんのぼりがまあと》は、世界最大の登り窯として知られています。登り窯とは、陶磁器を大量に焼くために使われる窯の一種で、丘や大地などの斜面にいくつかの室《むろ》を階段状に連ねた構造を持っています。段々に登っていくようにつくられていることから、「登り窯」と呼ばれます。大新登窯跡は、平成16年から17年にかけて行われた調査によって、全長約170メートル、窯室が39室ということが判明。かつて波佐見で陶器の大量生産が行われていたことを示す貴重な遺跡です。

出典：大新窯オフィシャルサイトほか

現存する日本最大の登り窯は愛知県常滑市にある「陶栄窯」。8つの焼成窯と10本の煙突が特徴。常滑市には写真のように、ほかにも多くの登り窯があります。

世界の豆知識

古墳時代に朝鮮半島から伝わったとされる登り窯。中国や韓国にももちろんありますが、登り窯のある意外な国がバルト海に面するエストニア。1920年代から芸術としての陶磁器の制作が始められ、今では登り窯を使い、本格的な陶磁器の生産が行われているそうです。

日本のテレビにまつわる世界一

世界中にマニアを持つ日本のテレビ番組の大記録

独特すぎる内容で、世界に多くのマニアやファンを持つ日本のテレビ番組は、多くのギネス世界記録に認定されています。1966年から放映されている特撮ドラマ『ウルトラマン』は、「最も派生テレビシリーズがつくられたテレビ番組」に認定。トーク番組では、1976年にスタートした黒柳徹子氏の『徹子の部屋』が、2023年に1万2100回を超え、「同一の司会者による番組の最多放送回数記録」を更新しています。こうした記録を見ると、日本には国民的番組が多いことに驚かされます。

出典：Guinness World Records

日本のテレビ番組の世界一記録

●トーク番組『徹子の部屋』は2023年に1万2100回を超え、「同一の司会者による番組の最多放送回数記録」を更新。

●1969年に放映開始されたアニメ『サザエさん』は、「最も長く放映されているテレビアニメ番組」に認定。フグ田サザエ役の声優、加藤みどりさんは「同一のテレビアニメ番組のキャラクターを最も長く演じてきた声優（女性）」に認定。

●1966年より放送された特撮ドラマ『ウルトラマン』は、「最も派生テレビシリーズがつくられたテレビ番組」に認定。

●バラエティ番組『笑っていいとも！』において、司会者タモリ氏は、「同一司会者による生放送バラエティ番組の最多出演回数」（出演回数8001回）、「同一チャンネルによる生放送バラエティ番組の最多放送回数」（放送回数8054回）で世界記録認定。

●音楽番組『題名のない音楽会』は、1969年7月以降の40年で、「世界一長寿のクラシック音楽番組」に認定。

●情報番組『出没！アド街《まち》ック天国』において、スタート当初から司会を務めた故・愛川欽也（キンキン）氏は、「情報テレビ番組の最高齢司会者」に認定。

●1957年より放送されている料理番組『きょうの料理』は、「テレビ料理番組の最長放送」に認定。

ガイチ流ひとくちメモ

「1週間で最も長時間、テレビの生番組に出演した司会者」として2008年にギネス認定された、みのもんた氏の22時間15秒の記録は、2019年、ロシアのウラジミール・ソロビエフ氏に破られました。記録は25時間53分57秒です。そのうち芸人の誰かが破りそう？

アプリへの支出金額　日本が圧倒的1位

支出は海外の約1・5倍以上！世界有数のゲーム課金大国

データ調査会社Sensor Towerの調査では、App StoreとGoogle Playにおける日本人のアプリへの支出金額が世界一高いことが発表されました。2021年1月から9月において、日本人一人当たりの平均支出額は149ドルと1位。この金額は、第2位の韓国や、アップルとグーグル本国の第3位アメリカの約1・6倍に当たりますから、ダントツだとわかります。ちなみに、2024年1月から7月のモバイルゲームの収益トップは「モンスターストライク」の2億9000万ドルでした。スタディサプリもよろしく！

出典：Sensor Tower

App StoreとGoogle Playにおける国民一人当たりの平均支出額ランキング　TOP10

順位		金額
1	日本	149ドル
2	韓国	95ドル
3	アメリカ	90ドル
4	オーストラリア	62ドル
5	カナダ	50ドル
6	イギリス	40ドル
7	ドイツ	32ドル
8	フランス	21ドル
9	タイ	12ドル
10	ロシア	6ドル

※Google Playを利用できない中国は対象外

世界の豆知識

2017年、6日間で1500万ダウンロードを達成した『どうぶつの森 ポケットキャンプ』。Sensor Towerの分析では、日本人が他国と比べて10倍以上の課金を支出していることがわかりました。課金額のうち86%は日本人によるもので、2位はアメリカの11%でした。

温室効果ガス削減に頑張る企業数で日本は世界一！

世界中の機関投資家たちが注目
SBT認定で世界トップ

企業の温室効果ガス削減目標を定めた「SBT（Science-based Target）」という国際的な認定があります。世界中の企業が、この認定を取得したり、あるいは取得することを約束（コミット）したりしているのですが、2024年8月、このSBT認定・コミットする企業数で日本が世界1位に輝くことになりました。

SBTは、企業の温室効果ガス削減目標が「パリ協定」の1・5度目標に、科学的な観点から見て、どれだけ整合しているかを示すものです。

出典：SBTi（Science Based Targets Initiative）

企業のSBT認定取得・コミット数ランキング　TOP10

順位		企業数
1	日本	1283
2	イギリス	1259
3	アメリカ	1057
4	ドイツ	547
5	中国	453
6	フランス	435
7	スウェーデン	387
8	インド	345
9	オランダ	249
10	デンマーク	248

世界の豆知識

温室効果ガスとして代表的な二酸化炭素を世界で最も排出しているのは中国です（2021年）。その排出量は約106億トン。2位のアメリカが約45億トンなので、その倍以上排出していることになります。ちなみに日本は約10億トンで世界5位です。

世界一大きな時計は日本の観覧車!?

横浜のシンボルの観覧車は世界最大の時計でもあった!

神奈川県の横浜みなとみらい21にある大観覧車「コスモクロック21」は、横浜のシンボルとして多くの人々に親しまれていますが、実は世界屈指の大型観覧車であると同時に世界最大の時計(直径100メートル)としてもギネスに記録されているのをご存知でしょうか。コスモクロック21には、観覧車の軸の部分にデジタル時計の画面が搭載されていますが、実は観覧車全体が時計としての機能を持っているのです。60本の支柱が秒針として、イルミネーションによって秒と分を刻んでいます。

出典: 各種データをもとに編集部にて算出

世界の時計直径ランキング　TOP10

順位		直径
1	コスモクロック21（日本）	100m
2	アブラージュ・アル・ベイト・タワーズ（サウジアラビア）	43m
3	イスタンブール・ジェヴァヒル（トルコ）	36m
4	ベスタン（インド）	24.2m
5	エギョン・タワー（韓国）	24m
6	パーク・ヘロイフ（ウクライナ）	22m
7	セントラル・ド・ブラジル駅（ブラジル）	20m
8	デュケイン醸造所時計（アメリカ）	18m
9	コルゲート・クロック（アメリカ）	15.2m
10	NTTドコモ・代々木ビル（日本）	15m

世界の豆知識

観覧車として世界最大なのは、ドバイにある「アイン・ドバイ」です。高さ250ｍと「コスモクロック21」の2倍以上もあります。今まで世界最大だったアメリカの「ハイ・ローラー」も168ｍなので、世界で初めて200ｍを超える観覧車になったわけです。

日本が誇る世界一のコンビニ

けた外れの数が開店する日本のコンビニ事情

２０２４年、セブン‐イレブンは、店舗数が世界で８万店を突破したと発表しました。その中で、世界一の店舗数を誇る国が、２万１５３５店舗を擁する日本です。ほかの東アジア全域を合わせた店舗数が４万６５８２店ですから、いかに日本がコンビニ大国なのかがわかります。ちなみにセブン‐イレブンの前身は、１９２７年にアメリカのテキサス州で開店しました。

日本では、１９７４年に東京都江東区豊洲《とよす》に１店舗目を開店。およそ44年間で約２万店を達成しました。

出典: セブン‐イレブン 「セブン‐イレブンの横顔 2024-2025」

セブン-イレブンの店舗数

順位		店舗数
1	日本	2万1535店
2	タイ	1万4545店
3	韓国	1万3137店
4	アメリカ	1万2670店
5	台湾	6859店

ガイチ流ひとくちメモ

セブン-イレブンは、氷小売販売店「サウスランド・アイスカンパニー」を前身とし、新業態であるコンビニエンスストアとして1927年に1号店を開店。1946年には「朝7時から夜11時まで」の営業時間にちなみ改名し、1969年のカナダを皮切りに、世界の各地域へ進出しました。

人口当たりの自動販売機数は日本が世界一

日本の設置数の多さは治安や気候の良さが要因

外国人旅行客が驚く日本独特の風景が、街中に立ち並ぶ自動販売機の列。治安や気候の問題で屋外に販売機の設置ができない外国の人たちからすれば、驚異の風景です。売られている商品は飲料のほか、弁当や菓子類といった食べ物や雑誌類、タバコからコンドームまで多岐にわたります。

日本自動販売システム機械工業会の統計では、2016年末の日本の飲料自動販売機の普及台数は247万4600台。もちろん欧米での設置台数はそれ以上ですが、人口比率で考えれば、日本は世界一の自販機大国なのです。

出典：日本自動販売システム機械工業会

飲料自動販売機の普及台数

日本	247万4600台（人口比で世界一）
アメリカ	296万2000台
ヨーロッパ	300万台
中国	20万台
東南アジア・オセアニア	12万台

※2016年データを参照

ガイチ流ひとくちメモ

そういえば、昔よくあったエロ本の自販機ってどこ行ったんでしょうね……。勇気を振り絞って（これを蛮勇という）初めて買った小学生時、ボタン押しても出てこず狼狽し蹴ってたら通りがかりのオッサンに「アカンでそれは」と言われ、どの意味のアカンかわからず謎だった……。

文字数が世界一少ない国歌「君が代」

歴史を基につくられ国の性格や文化を表す

2024年に開催されたパリ五輪でにわかに注目を集めたのが各国の国歌です。さまざまな歴史を基につくられた国歌は、その国の性格や文化を表しているといってよいでしょう。日本の「君が代」は文字数32文字という、世界で一番、歌詞が短い国歌です。これは『古今和歌集』の短歌の5・7・5・7・7が基になっており、「君が代」は字余りの5・7・6・7・7でつくられました。短い文章の中に、さまざまな意味を編み込むという、日本特有の文学性によってつくられたのが、この国歌なのです。たおやめぶり?

出典：一般社団法人 国歌の輪など

各国の国歌の長さ

日本	約1分（歌詞32文字）

筑波山神社にある「君が代歌碑」。横には「さざれ石」が展示されている。

ウガンダ	約1分59秒（フルバージョンの場合）通常は1節（40秒）しか演奏されない
ヨルダン	前奏を含めても約40秒だったが、現在は歌詞とメロディーが追加され、2分51秒
ウルグアイ	約4分26秒（前奏56秒）
エルサルバドル	約4分16秒
ギリシャ	約55分　（オリジナルでは歌詞が158番まである）

ガイチ流ひとくちメモ

「君が代」が正式に国歌とされたのは、1999年に小渕恵三内閣が定めた国旗・国歌法からです。作曲は、意外にも明治維新期のイギリス人フェントン。当時、日本に国歌がないことを遺憾に思い、自ら作曲を申し出たそう。私は、個人的には歌詞の字余りが気になります。

ゲーム関連ツイートの多さは日本が世界一

e-sportsの人気急上昇もツイート数に影響している!?

趣味の情報交換や噂話は、ネット上で行われるのが当たり前の時代になっており、たとえばツイッター（現：X）のランキングを見ると、今、何が話題かが一目でわかります。2022年上半期、全世界でつぶやかれたゲームに関係するツイート（現：ポスト）は、15億件をオーバー。これは前年比約36%の増加で、注目度が上がっているのがわかります。「最もゲームについてツイートがあった国」は、第2位のアメリカを抑え、日本が1位でした。e-sportsが盛り上がり始めたことも関係しているのでしょう。

出典：Twitter Japan　2022年上半期ランキング

最もゲームについてツイートがあった国 TOP10

順位	
1	日本
2	アメリカ
3	韓国
4	タイ
5	インドネシア
6	ブラジル
7	フィリピン
8	インド
9	イギリス
10	メキシコ

世界の豆知識

2022年の世界のゲーム市場は、景気減速の懸念から主にスマートフォン向けゲームへの支出が落ち込みました。また、家庭用ゲーム機でも半導体不足が起き、前年比からマイナスになりました。さらに、新型コロナウイルスの感染拡大に起因する巣ごもり需要によって2020年以降に市場が大きく伸びましたが、その後「脱コロナ」となり外出機会が増えたことも影響したようです。

日本は世界一ネット利用時間が短い国？

ネット依存が少ないと見るか
ネットを使いこなせていないと見るか

世界的なクリエイティブ・エージェンシーである「We Are Social」がとりまとめた『DIGITAL 2021』によると、対象となった主要国中、日本はネット平均利用時間が最も少ない国であることが判明しました。

ネットへの依存度が低い国民性と、前向きに捉えることもできますが、一方で、ビジネスや私生活で効果的にネットを利用できていないと考えることもできそうです。コロナショックの影響でリモートワークも広まりましたし、今後は日本でもネット利用時間が増えていくかもしれませんね。

出典： We Are Social『DIGITAL 2021』

1日当たりのネット平均利用時間の少なさランキング

順位		利用時間
1	日本	4時間25分
2	デンマーク	5時間16分
3	中国	5時間22分
4	ドイツ	5時間26分
5	オランダ	5時間28分
	ベルギー	5時間28分
7	韓国	5時間37分
	フランス	5時間37分
9	スイス	5時間40分
10	オーストリア	5時間46分

※16歳から64歳が対象、調査対象国は42カ国

世界の豆知識

世界で最も国民のネット平均利用時間が長かったのはフィリピンで、なんと1日当たり約11時間もオンライン状態にあるそうです。とはいえ、単にネット中毒が蔓延しているのではなく、公共サービスや仕事、社会的な手続きのネット化が進んだ結果と見る向きもあります。

世界一長いベンチは日本にある！

日本海に沈む夕日を眺められる約４６０メートルもの長さを誇るベンチ

世界一長いベンチは、日本の石川県羽咋《はくい》郡志賀《しが》町、増穂浦《ますほがうら》海岸にあるベンチです。その全長は、なんと４６０・９メートルにも及び、１９８９年にはギネスブックに「世界一長いベンチ」として登録されました。

このベンチは、「日本海に沈む夕日を見てほしい」という地元住民の思いから発案され、約８３０人（延べ人数）ものボランティアの手によって製作されたもの。このベンチの周辺は夕日の名所で、「サンセットヒルイン増穂」と呼ばれています。

出典： 志賀町ＨＰほか

石川県羽咋郡志賀町、増穂浦海岸にある世界一長いベンチ。海岸線に沿うようにベンチが延びている。

世界の豆知識

世界最大の椅子はオーストリアのザンクト・フロリアンにある椅子です。高さはなんと30m。オーストリアの家具小売チェーンXXXLutzと建築会社Wiehagによって製作され、2009年にギネス認定されました。

石炭火力発電への貸付金が世界一の日本

世界の流れに逆行？
非難は避けられないか

『Still Banking On Coal 2024』では、2021年1月から2023年12月における石炭火力発電開発企業への貸付金が多い企業を発表しました。このデータによると、日本とアメリカの金融機関が上位を占めていることがわかります。日本は地球の温暖化抑制を目標とした「パリ協定」を批准《ひじゅん》しているだけに、厳しい目が向けられそうです。ただし、彼らが投資した発電所がアジアの途上国につくられ、二酸化炭素排出抑制システムを使っていることも考慮しないと、フェアではないかも？

出典：Still Banking On Coal 2024

石炭火力発電開発企業への貸付金が多い企業ランキング

順位		貸付金（米ドル）
1	みずほフィナンシャルグループ	41億ドル
2	バンク・オブ・アメリカ	36億ドル
3	三菱UFJフィナンシャル・グループ	34億ドル
4	三井住友フィナンシャルグループ	32億ドル
5	JPモルガン・チェース	30億ドル

世界の豆知識

日本の三大メガバンクすべてが融資に関わる案件として、インドネシアのチレボン石炭火力発電事業があります。また、ベトナムのバンフォン石炭火力発電事業や、計画中のブンアン石炭火力発電事業も、日本のメガバンクの融資によります。両方とも東南アジアの国ですね。

父親が取得できる育休期間は日本が最長

男性の育休制度は整えてはいるものの……

国連児童基金（ＵＮＩＣＥＦ）は、41カ国を対象にした子育て支援政策に関する調査の報告書で、日本を男性の育休制度で１位に評価しました。「父親に６カ月以上の（全額支給換算）有給育児休業期間を設けた制度を整備している唯一の国」というのが評価の理由です。

ただし喜んではいけません。「２０１７年に取得した父親は20人に１人」として、取得率の低さの特異性も指摘されました。また、２位は韓国、３位はポルトガルでした。一方、女性については16位でした。

出典：UNICEF「Are the world's richest countries family friendly?」

父親が取得可能な有給育児休業期間ランキング　TOP10

順位		育休期間
1	日本	30.4週
2	韓国	17.2週
3	ポルトガル	12.5週
4	スウェーデン	10.9週
5	ルクセンブルク	10.4週
6	ノルウェー	9.8週
7	アイスランド	7.8週
8	オーストリア	6.9週
9	フィンランド	5.7週
	ドイツ	5.7週

世界の豆知識

UNICEFの「両親が少なくとも６カ月間の有給育児休業が取得できる」などを基準にした「家族にやさしい政策」の国ランキングの第１位はスウェーデン、２位ノルウェー、３位アイスランドという評価でした。やはり北欧は「高負担」の代わりに「高福祉」のようです。

国慶節期間中のアリペイ取引件数最多の日本

爆買いは減った？
直近の中国人観光客動向

日本における中国人観光客の数は、年を追うたびに増加しています。中国の決済大手アリペイ（Alipay）は、２０１９年の国慶節期間中（建国記念週間、10月1日〜7日）に、中国人観光客の海外旅行先での取引件数ランキングで、日本が世界1位になったと発表しました。

それによると、アリペイが最も使用された場所は、大手コンビニエンスストアチェーン、マツモトキヨシ、関西国際空港の順。近年の観光客の「爆買い」の動向がよくわかる調査結果です。さて今後はどうなりますか。正念場。

出典： アリペイ（Alipay）

国慶節期間中の海外旅行先別の
アリペイ取引件数ランキング　TOP10

順位	
1	日本
2	タイ
3	韓国
4	マレーシア
5	オーストラリア
6	シンガポール
7	フィリピン
8	カナダ
9	カンボジア
10	イギリス

※2019年データを参照（香港、マカオ、台湾を除く）

ガイチ流ひとくちメモ

早稲田大学の池上重輔《じゅうすけ》教授監修『インバウンド・ビジネス戦略』（日本経済新聞出版社）では、「訪日観光客数を今のやり方の延長線上で増やしていくことが日本の未来を、読者の皆さんの未来を持続的に豊かにしていけるのだろうか？」と激しく警鐘を鳴らされていた。さすが。

世界一高い青銅製立像は日本にある！

青銅で造られた立像としては圧倒的な高さを誇る牛久大仏

世界で一番高い青銅でできた立像は、茨城県牛久《うしく》市にある通称「牛久大仏」（正式名称は「牛久阿弥陀大仏」）です。

牛久大仏の大きさは、高さ120メートルを誇り、1995年にはギネス世界記録にも認定されました。ニューヨークの「自由の女神」が高さ40メートルであることを考えると、いかに大きいかがわかります。大仏の胎内には写経ができるスペースをはじめとしてさまざまな施設があり、高さ85メートルのところにある展望台まではエレベーターを使って昇ることができます。

出典：牛久大仏公式ウェブサイトほか

奈良・東大寺の大仏が手のひらに乗ってしまうほどのスケール感。

世界の豆知識

世界最大の大仏は中国にある「魯山大仏《ろざん》」です。その大きさは台座などを含めると208m。また、世界で一番大きい像はインドにある「統一の像」で、その大きさは台座などを含めると240mです。「統一の像」ができるまで「魯山大仏」が世界で一番大きい像でした。

経済の複雑性　日本は1位常連

複雑な体系に支えられた巨大な日本経済

ハーバード大学グロースラボが作成している「THE ATLAS OF ECONOMIC COMPLEXITY」では、日本が経済の複雑性で世界1位となっています。

このランキングは、どの国が、どのような製品やサービスをつくり、どこに輸出しているのかを、各国の輸出データをまとめ、産業ごとの複雑性を評価し、順位付けしたものです（もはや、この説明も複雑ですが）。複雑性が高いほど高付加価値産業を有し、産業の多様化が進んでいることを示しています。各国の経済状況を俯瞰する上で有益なデータといえるでしょう。

出典： ハーバード大学グロースラボ

経済の複雑性ランキング TOP10

順位		複雑性指数
1	日本	2.29
2	韓国	2.12
3	スイス	2.08
4	シンガポール	1.99
5	台湾	1.96
6	ドイツ	1.93
7	チェコ	1.76
8	オーストリア	1.70
9	スロベニア	1.67
10	イギリス	1.64

※2022年データを参照

世界の豆知識

GDP（国内総生産）でアメリカに次ぐ世界2位を誇る「世界の工場」中国経済の複雑性指数は1.40で、16位のイタリア、17位のスロバキアに次ぐ18位でした。この20年で経済構造が大きく変化し、輸出先も多様化が加速していることの結果でしょう。

日本は駐留アメリカ軍が一番多い国

治安維持に有効な軍事力のバランサー？

米ソ冷戦が終結した現在でも、世界中の軍事力のバランサーとなっているのが、駐留アメリカ軍の兵力です。米国防総省が公表しているだけで１５０カ国以上、うち大規模基地を置くのは約60カ国もあります。世界中で、最も多く兵員が駐留しているのが日本。こうした人数は、各国の政治や経済の動向によっても大きく変わってくるので、何かにつけ注視していかなければなりませんが、経済的に重要な存在になっている場合も多く、また、防災面でも有益という考えもあります。にしても特定の県に集中しすぎでは……？

出典： 米国防総省・国防人員データ・センター（DMDC）

米軍の在外兵員数ランキング TOP10

順位		人数
1	日本	5万2852人
2	ドイツ	3万4894人
3	韓国	2万3732人
4	イタリア	1万2319人
5	イギリス	1万180人
6	グアム	6453人
7	バーレーン	3424人
8	スペイン	3253人
9	トルコ	1683人
10	ベルギー	1119人

※2024年6月時点

ガイチ流ひとくちメモ

日本は安保改定・日米地位協定締結で防衛分担金が廃止されたにもかかわらず、多額の「思いやり予算」を負担。また、全国の米軍専用施設の約70％が沖縄県に集中するなど、数々の問題を抱えています。特に宜野湾《ぎのわん》市普天間飛行場の名護市辺野古《へのこ》移転問題は大紛糾。

主要な港の軍事評価で日本はトップ

港の数なら世界一の日本
島国ならではの豊富な物流拠点

世界の軍事力をあらゆる面から評価しランキング化している「Global Firepower」の最新版によると、軍事的な側面から見た主要港の総数において、日本は世界一にランクインしています。

物流の拠点となる港は、平時には軍需産業の発展を助け、有事には武器・弾薬や医薬品などの物資運搬に貢献することから、国の軍事力に影響を与える一要素として評価の対象とされています。島国である日本では、海運が物流の重要な位置を占めているのです。

出典：Global Firepower 2024

軍事的な側面から見た主要な港・ターミナル数ランキングTOP10

順位		数
1	日本	44
2	アメリカ	35
3	オーストラリア	29
4	中国	22
5	ブラジル	17
	フランス	17
7	インドネシア	16
	イギリス	16
9	イタリア	14
	メキシコ	14

世界の豆知識

国土交通省が発表した2022年のデータによると、世界の港湾取扱貨物量ランキングで1位を獲得したのは中国の寧波舟山《ニンボーチョウシャン》港でした。2位と3位も中国の上海港と青《チン》島《タオ》港。日本の港で最も順位が高かったのは、製造品出荷額1位の愛知県にある名古屋港（27位）です。

世界一の桜並木は日本の2カ所が候補

桜並木世界一を巡る戦いは優劣つけがたい？

古来より、日本人は桜をこよなく愛してきました。日本国内には桜の名所が数多く存在し、世界で最も長い桜並木も日本国内に存在しているのですが、実は、その候補となる場所が2カ所あります。

それは、青森県弘前市、埼玉県さいたま市の2市で、単純な距離だけでいえばさいたま市のほうがわずかに長いですが、それぞれ本数に差があり、統一された間隔で植樹されているわけでもないため、どこを世界最長の桜並木とするかは難しいところです。

出典： 岩木山観光協会HP、見沼たんぼHP、各務原市HP

世界一候補とされる日本の桜並木

青森県弘前市

総延長：20km
桜の本数：約6500本
自称：世界一を目指した桜並木

埼玉県さいたま市

総延長：20.25km
桜の本数：約2000本
自称：桜の下を散策できる日本一の桜回廊

ガイチ流ひとくちメモ

日本人は本当に桜が好きで、名曲も多いですね。『さくら（独唱）』（森山直太朗）、『さくら』（ケツメイシ）、『桜』（コブクロ）、『桜』（河口恭吾）、『SAKURA』（いきものがかり）、『SAKURAドロップス』（宇多田ヒカル）、『桜坂』（福山雅治）をBGMに今、これを書いてます。

第3章

日本史から読み解く世界一

日本の皇室は現存する世界最古の王朝

世界から尊崇の念を集める日本のロイヤルファミリー

宮内庁によれば、日本の皇室は紀元前660年に即位したとされる神武《じんむ》天皇から万世一系を貫く、世界一の歴史を誇る王朝です。

これは『古事記』や『日本書紀』に記載された伝承を根拠としたもので、その信ぴょう性を疑問視する声はたくさんあります。しかし、仮に考古学・歴史学上で存在が確実視されている第26代の継体天皇（西暦507年に即位）から数えたとしても、日本の皇室は1500年以上の長きにわたって継承されてきた、世界一の歴史を持つ王朝といえます。

出典：宮内庁HP　天皇系図ほか

現存する王朝の歴史ランキング TOP10

順位		王朝の起源
1	日本	紀元前660年ごろ※
2	デンマーク	8～10世紀ごろ
3	イギリス	1066年
4	スペイン	1479年
5	スウェーデン	1523年
6	タイ	1782年
7	バーレーン	1783年
8	オランダ	1815年
9	ベルギー	1831年
10	トンガ	1845年

※伝承に基づく推定で、実際は6世紀？

ガイチ流ひとくちメモ

「天皇は男系男子のみ」というルールは、皇室典範《てんぱん》という法律で定められています。戦前の皇室典範は、大日本帝国憲法と並ぶ存在として改正できませんでしたが、敗戦後にいったん廃止、法律として復活したので日本国憲法下では改正できます。さて、どうなりますやら？

縄文文化は世界最古級

悠久の時を超えて発掘された1万5千年以上前の遺物たち

青森県にある大平山元《おおだいやまもと》遺跡からは、世界最古級とされる縄文時代草創期の土器や石器が数多く出土しており、特に約1万5千年前のものとされる石鏃《せきぞく》（石でつくられた〝やじり〟で、狩猟に使われた）は、現在発見されている同種の石器の中でも世界一古いものとされています。

これらの出土品が使用された年代は、当時の日本列島の最寒期にあたり、温暖化に伴う森林資源の増加とともに始まった、と考えられてきた縄文文化の定義自体に、大きな影響を与えうる発見と位置付けられています。

出典： 青森県立郷土館デジタルミュージアムHPほか

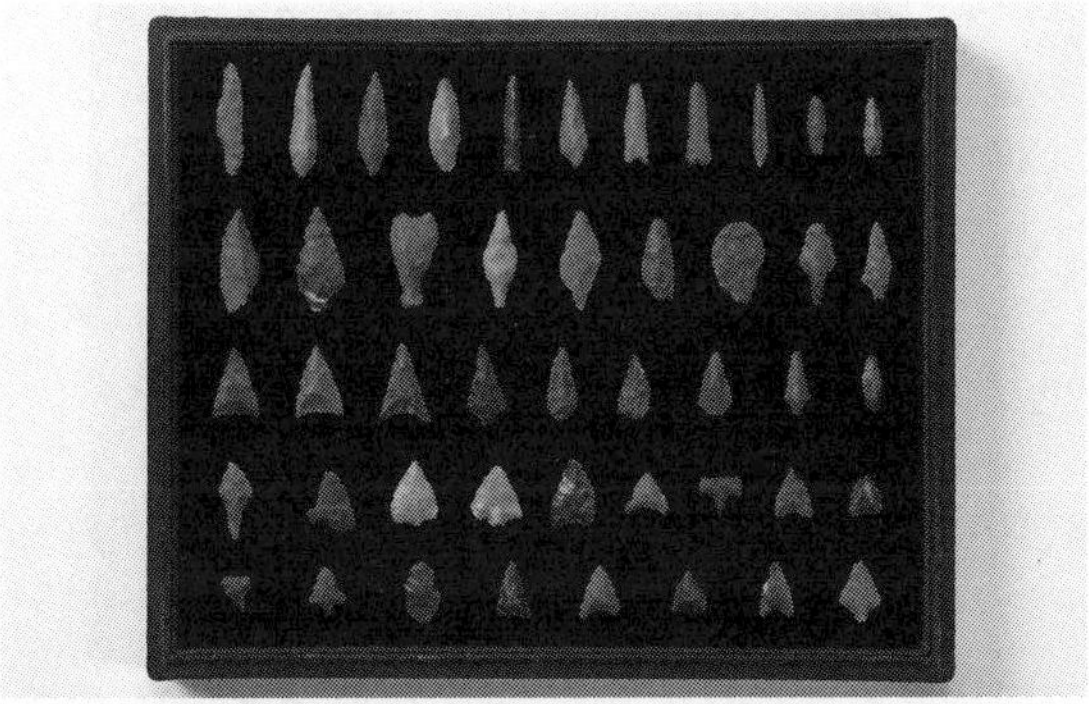

出典：ColBase (https://colbase.nich.go.jp)

日本列島の最寒期を生きた草創期の縄文人たちは、石器を用いて主に魚介を狩猟し、土器で煮炊きしていたと考えられている。

世界の豆知識

土器に限れば、世界最古級とされるものは複数存在し、ロシアの極東地方アムール川流域や、中国の湖南省玉蟾岩《ぎょくせんがん》洞穴でも、1万5000年以上前のものとされる土器が出土しています（どれを世界最古とするかについては諸説あり）。

静岡県の千居遺跡は世界最古の庭園？

最初の枯山水《かれさんすい》と評される静岡県のストーンサークル

国の史跡として指定されている静岡県富士宮市の千居《せんご》遺跡は、１９７０年から翌年にかけて発掘作業が行われた、およそ４０００～５０００年前（縄文時代中期）の遺跡です。

この場所で出土した帯状配石や環列配石（意図的な形状に石を配置したもの）の中には、富士山を模したと思われる高さ70センチメートルほどの石があり、一部の研究者たちは、千居遺跡を富士山信仰の祭祀《さいし》場跡と考え、枯山水的な日本庭園思想の起源にもつながると評しています。

出典：『日本庭園史大系1』（社会思想社）、『日本庭園と風景』（学芸出版社）

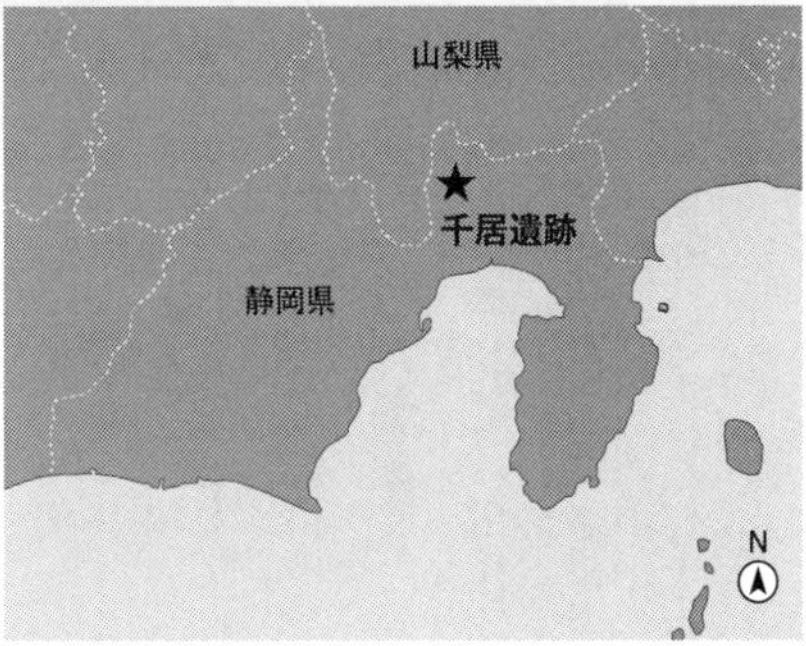

静岡県の千居遺跡。富士山を霊峰として崇める思想が、縄文時代から存在していたことを示唆している。

世界の豆知識

環状列石といえば、秋田県大湯遺跡やイギリスのストーンヘンジが有名ですが、世界最古と噂される巨石遺跡は、実は南アフリカ共和国に存在しています。「アダムのカレンダー」と呼ばれるその遺跡は、一説によると7万5000年以上前のものといわれています。

大仙陵古墳（仁徳天皇陵）は世界最大級の墳墓

令和初の世界文化遺産になった超巨大スケールの前方後円墳

大昔の為政者たちが埋葬された墳墓は世界各地に遺されていますが、その中でも最大級と目されるのが、大阪府堺市にある大仙陵古墳です。全長なら世界一のスケールを誇り、完成には相当数の労働力が必要だったと考えられることから、当時の大王（天皇）の権威の強大さが窺い知れます。

2019年7月には、大仙陵古墳や誉田御廟山《こんだごびょうやま》古墳（応神天皇陵）を含む「百舌鳥《もず》・古市《ふるいち》古墳群」がユネスコ世界文化遺産に選ばれ、大阪府の観光資源としての役割拡大を期待されています。

出典： 宮内庁HP、堺市HP、堺観光ガイドHP

世界三大墳墓の大きさ比較

仁徳天皇陵（日本）	全長：525.1m 全高：39.8m 体積：164万m^3

始皇帝陵（中国）	全長：350m 全高：76m 体積：300万m^3
クフ王のピラミッド（エジプト）	全長：230.4m 全高：146.6m 体積：260万m^3

世界の豆知識

世界三大墳墓はたびたび比較され、全長は大仙陵古墳、全高はクフ王のピラミッド、体積は始皇帝陵がそれぞれ世界最大とされてきました。しかし、近年の測量技術の進歩により、それらのデータが覆る可能性もあるそうです。いずれにせよ、中国とエジプトの向こうを張るとは！

聖徳太子の『法華義疏』は世界最古の肉筆？

本当に聖徳太子の直筆なのか？
皇室に献上された最古級の貴書

日本には7世紀初頭に記されたとされる『三経義疏《さんぎょうのぎしょ》』（法華経・勝鬘《しょうまん》経・維摩《ゆいま》経の三経の注釈書）が現存し、そのうちのひとつである『法華義疏』は、聖徳太子（厩戸王《うまやとおう》）の肉筆であると伝えられてきました。伝承が真実ならば、当時の為政者が遺した肉筆の書物（状態の良いもの）としては、世界的に見ても最古級のものと考えられます。

ただ、この書物を聖徳太子の直筆とするかどうかについては諸説あり、研究者の間でも意見が分かれています。

出典：ABAJ(日本古書籍商協会）HP

出典：ColBase (https://colbase.nich.go.jp)

聖徳太子二王子像（模本）。『法華義疏』は各所に推敲の跡が著しいことなどから、聖徳太子の自筆本であると考えられている。

ガイチ流ひとくちメモ

単純な肉筆書として考えた場合、最古とされるものは現在も各地で発見されており、たとえば2019年には、スイスの大学で3世紀初頭のキリスト教徒が記したとされるパピルス紙片が発見されています。紙の前には、竹簡や木簡、亀甲や獣骨、粘土板などが使われていました。

世界最古の木造建築　法隆寺

受け継がれた建築技術が守る聖徳太子ゆかりの古代寺院

7世紀の創建とされる奈良県の法隆寺は、現存する世界最古の木造建築物群として「法隆寺地域の仏教建造物」という名でユネスコの世界文化遺産に登録されています。世界最古といえるのは金堂や五重塔を中心とする西院伽藍で、670年に火災で焼失したのち、7世紀末~8世紀初めに再建されたものが、幾度もの修繕を繰り返しながら現代まで伝えられてきました。

こうした木造建築を後世に遺すために、代々受け継がれてきた宮大工たちの技もまた、世界最高レベルということができるでしょう。

出典：法隆寺HP

出典: ColBase (https://colbase.nich.go.jp)

世界最古の木造建築とされる法隆寺の五重塔の古写真。その荘厳な姿からは、日本が伝えてきた建築技術の高さが窺える。

ガイチ流ひとくちメモ

1949(昭和24)年。法隆寺金堂で火災が起き、世界的に貴重な仏教壁画の色彩がほとんど焼失してしまう事態に。どうやら直接の原因は電気ザブトンの電源トラブルらしく、「修行の場でそんなもん使《つこ》とったんか……」とトホホな気分に。翌年、文化財保護法が制定されました。

世界最古の印刷物　百万塔陀羅尼経

平和への祈りを込めてつくられた100万もの小塔と経文

奈良時代の百万塔陀羅尼経《だらにきょう》は、制作年代が明確な世界最古の印刷物であり、称徳天皇の命によって、770年までにつくられたと伝わっています。

百万塔陀羅尼経とは、その名の通り100万基におよぶ小型の塔の内部に陀羅尼経と呼ばれる経文を収めたもので、恵美押勝《えみのおしかつ》の乱（764年）による戦死者の菩提を弔うとともに、鎮護国家を祈願する目的でつくられました。

当時の印刷方法については諸説あり、凸状に彫った木製あるいは金属製の版を、複数用いて印刷したのではないかと考えられています。

出典： ABAJ(日本古書籍商協会)HP、『日本史の中の世界一』（育鵬社）

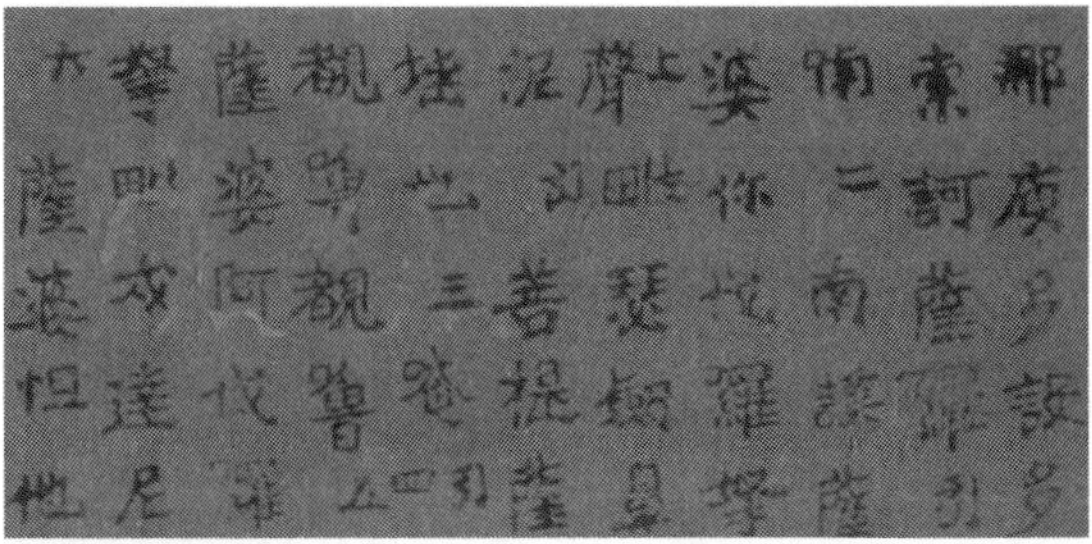

出典: ColBase (https://colbase.nich.go.jp) 部分

百万塔陀羅尼の小塔と経文。当時は100万基がそろえられたとされるが、現存するのは4万数千基ほどだという。

出典: ColBase
(https://colbase.nich.go.jp)

経文の入れ物となる百万塔は木製で、ろくろを用いてつくられたと見られている。

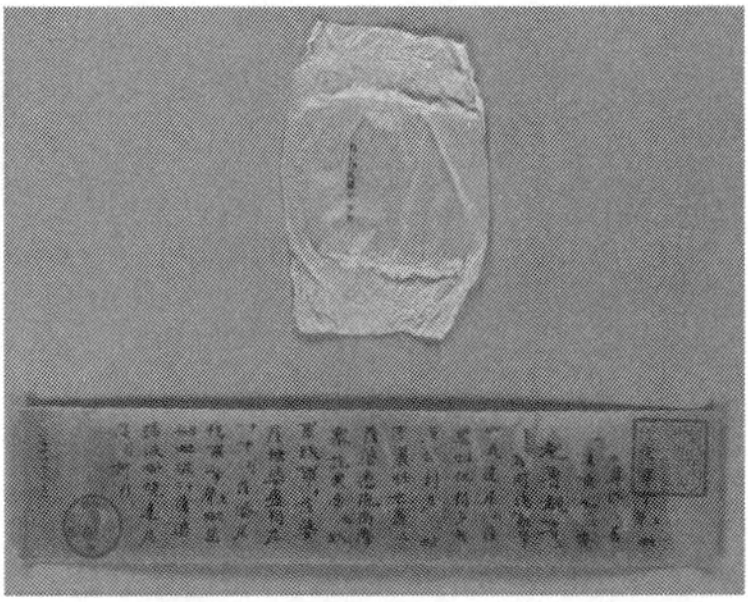

出典: 百万塔陀羅尼 [2](国立国会図書館蔵)

ガイチ流ひとくちメモ

現存する百万塔陀羅尼経の中には、明治期に法隆寺が同寺への寄付者に証書付きで譲渡したものがあり、珍しく一般に流通した世界最古の逸品として、コレクターたちの間では高値で取引されているそうです。ご利益ありそうですもんね。

世界最古の温泉宿　慶雲館

多くの名将、文人、都人が愛した１３００年以上の歴史を持つ秘湯

山梨県南巨摩《こま》郡早川町の西山温泉にある慶雲館は、世界最古の温泉宿として知られ、２０１１年にはギネス世界記録にも登録されました。

その歴史は慶雲２年（西暦７０５年）まで遡り、定恵《じょうえ》（大化改新の中心的人物だった中臣鎌足の長子）が、当地で狩猟を行った際に天然の温泉を発見し、険しい山道を切り開いて湯壺を造営したのが起源と伝えられています。孝謙天皇や武田信玄、徳川家康などの名だたる歴史人たちも、この湯を求めてはるばるやってきたといいます。

出典： 慶雲館HPほか

日本にある世界最古級の宿泊施設

慶雲館

創業：705年
場所：山梨県南巨摩郡西山温泉

千年の湯 古《こ》まん

創業：717年
場所：兵庫県豊岡市城崎《きのさき》温泉

法師《ほうし》温泉 長寿館

創業：718年
場所：石川県小松市粟津温泉

番外編　現存する日本最古の木造温泉宿建築

積善館《せきぜんかん》

創業：1691年
場所：群馬県吾妻郡中之条町四万《しま》温泉

ガイチ流ひとくちメモ

2010年までは石川県の法師が世界最古の温泉宿としてギネス登録されていましたが、それまでギネスに申請していなかった慶雲館が2011年にギネス申請を行ったため、世界最古の座を譲ることになったそうです。ただ、どちらも歴史ある温泉宿であることに変わりはありません。

現存する世界最古の博物館　正倉院

珍品・名品を国の宝として収蔵した近代博物・美術館の先駆的存在

博物館の存在意義を「貴重な文化財を国家が管理・保存し、展示すること」としたとき、世界で初めてこれを実践したのは、奈良の東大寺・正倉院だったと考えることができます。

聖武天皇の崩御後、その遺品が東大寺に寄贈されたことに端を発する最古の博物館・正倉院宝庫は、所蔵する品物の種類や点数の豊富さだけでなく、保管庫としての機能（物品の保存に適した校倉造《あぜくらづくり》や杉の唐櫃《からびつ》など）も当時としては最先端であったと評されています。

出典：宮内庁HP

正倉院の所蔵品例

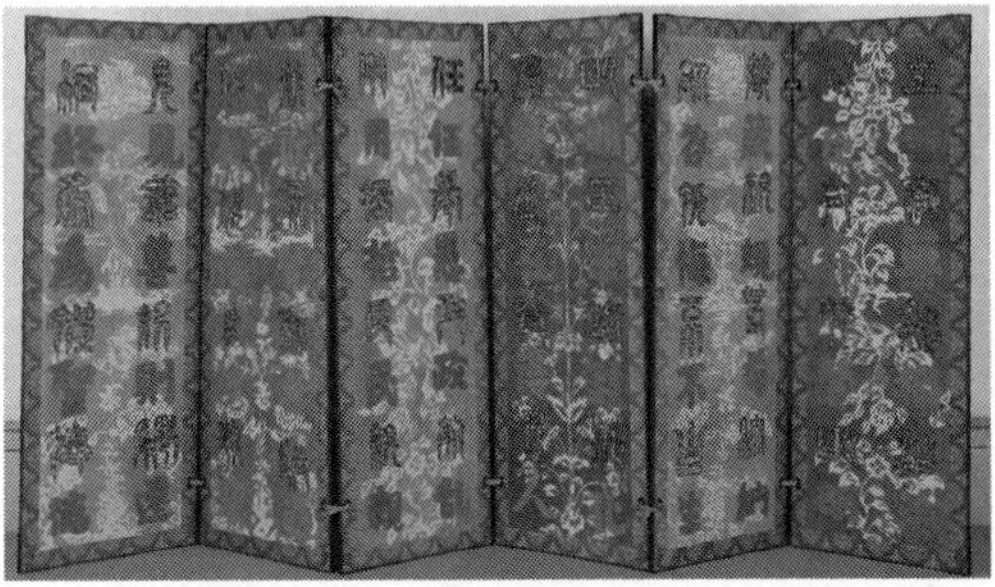

出典：ColBase (https://colbase.nich.go.jp)

鳥毛篆書屏風（とりげてんしょのびょうぶ）

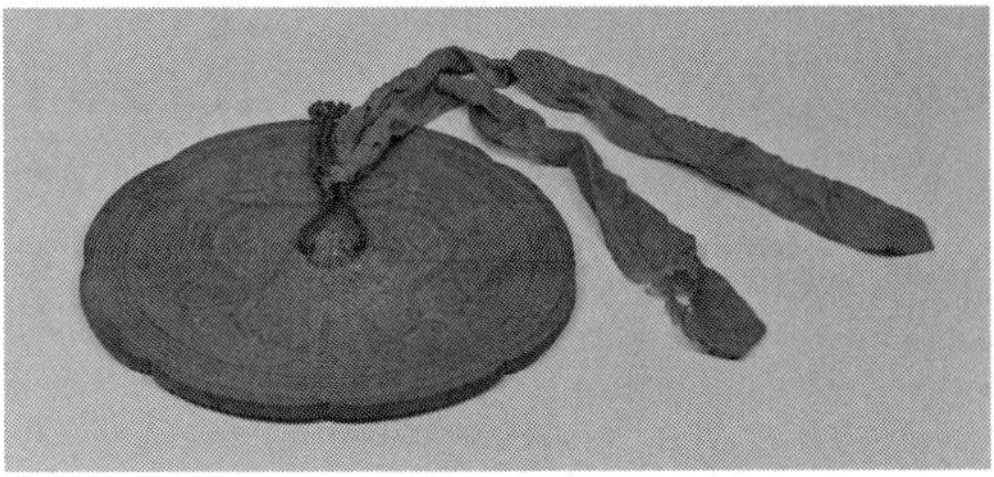

出典：ColBase (https://colbase.nich.go.jp)

槃龍背八角鏡（ばんりゅうはいのはっかくきょう）
※どちらも模造

ガイチ流ひとくちメモ

正倉院の宝物は、光明皇后が悲しみのあまり置けなくなった聖武天皇の遺愛品を、夫の極楽往生を願い奉納したことに始まります。シルクロード経由の西域の工芸品が多く、上段の写真のもの以外に、螺鈿紫檀五絃琵《らでんしたんごげんのび》琶《わ》、漆胡瓶《しっこへい》、白瑠璃碗《はくるりのわん》、紺瑠璃坏《こんるりのつき》、銀薫炉《ぎんくんろ》などが有名。

『万葉集』は世界最古にして最大の和歌集

天皇から庶民まで幅広い歌を集めた世界に類を見ないアンソロジー

奈良時代末期に成立したとされる『万葉集』は、古墳〜奈良時代のあらゆる社会階級の人々が詠んだ和歌を集めた最古の和歌集で、収録数は実に20巻・4500首以上にものぼります。

これほどの数と質、バラエティの豊かさを誇るアンソロジー（選詩集）は、世界的に見ても唯一無二といえます。多くの歌からより優れたものを選び出すという編纂事業の複雑さを鑑みても、編纂者のひとりとされる大伴家持《やかもち》ら日本人の文化水準の高さが窺えます。それが厳密には世界最古じゃなくても。

出典：東京国立博物館HPほか

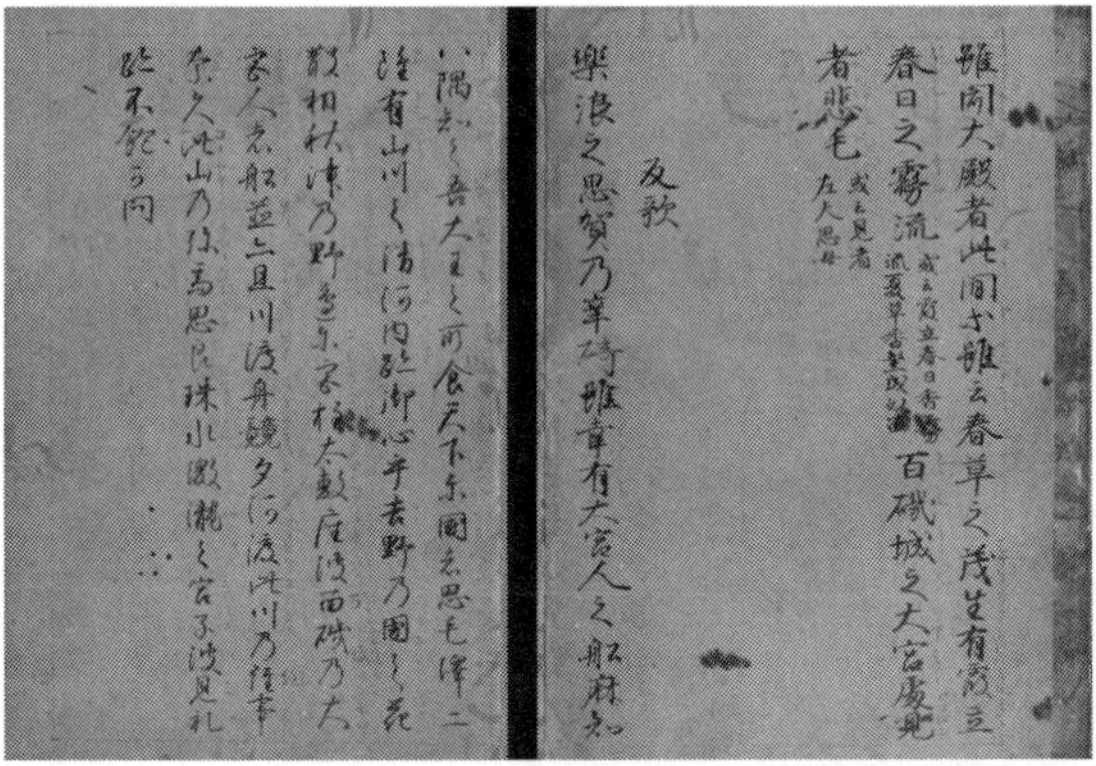

出典：ColBase (https://colbase.nich.go.jp)

数ある万葉集の諸本（同一の作品で本文の性質や内容の異なる諸種の写本や刊本）のひとつ『元暦校本（げんりゃくこうほん）』。

世界に見る古代の詩歌集

『花冠《かかん》』（ギリシャ）	紀元前7～前3世紀ごろの詩歌を収録（詩人46名）
『ギリシャ詞華集《しかしゅう》』（ギリシャ）	紀元前7～紀元10世紀ごろの詩歌を収録（詩人約300人、作品4500編以上）
『詩経《しきょう》』（中国）	紀元前11～前7世紀ごろの詩歌を収録（約311編）

ガイチ流ひとくちメモ

新元号「令和」の出典にもなり、ブームが到来した万葉集には、「付き合ってくれないなら死ね」「大好きな君に踏まれたい」「悩むの疲れたし石になりたい」などという微妙な歌も含まれています。詳しくは岡本梨奈先生の『ざんねんな万葉集』（飛鳥新社、2019年）をどうぞ。

雅楽は世界最古のオーケストラ

華やかな宮廷文化とともに日本独自の発展を遂げた音楽

日本の伝統的な古典音楽のひとつとして知られる雅楽《ががく》は、ユネスコの無形文化遺産にも登録された、世界で最も歴史あるオーケストラ音楽だといわれています。

演奏には、管楽器（横笛《おうてき》、ひちりき、笙《しょう》など）のほか、弦楽器（楽琵琶《がくびわ》、楽箏《がくごと》、和琴《わごん》など）、打楽器（楽太鼓《がくだいこ》、鉦鼓《しょうこ》、羯鼓《かっこ》）が使用され、まさに現代のオーケストラ編成の原型ともいえる楽団としての構成が、10世紀ごろには成立していたと考えられています。

出典： 文化デジタルライブラリーHP、日本雅樂會HP

出典： ColBase (https://colbase.nich.go.jp)

出典： Sketches of Japanese manners and customs（同志社大学所蔵）部分

歴史深く煌びやかな雅楽の様子は絵画としても残され、各時代の絵巻物やスケッチにたびたび登場する。

ガイチ流ひとくちメモ

日本の雅楽のように、楽器や楽譜、果ては衣装までが1000年以上大きく変わることなく伝えられているのは、奇跡的といわれています。宮廷文化の神秘性あるいは閉鎖性が、良い方向に働いた結果といえるかもしれません。今後も続いていってほしいですね！

世界一の史料価値を持つ『入唐求法巡礼行記』

『東方見聞録』をはるかに上回る詳細な描写が記された旅行記

平安時代の838年、最後の遣唐使船で唐に渡った天台僧、円仁《えんにん》。彼が記した『入唐求法巡礼行記《にっとうぐほう》』は、政治的混乱期を迎えていた当時の中国の実態を詳細に記録した、知る人ぞ知る貴重な歴史史料です。

世界的に有名なマルコ・ポーロの『東方見聞録（世界の記述）』が正確性を欠く部分を多く含むのに対し、『入唐求法巡礼行記』は宗教をはじめ、民衆の生活や政治の実態、陶磁器などの美術品まで、幅広い分野にリアリティのある言及をしており、当時の記録としては世界一の信頼性を誇っています。

出典： 国指定文化財等データベースHPほか

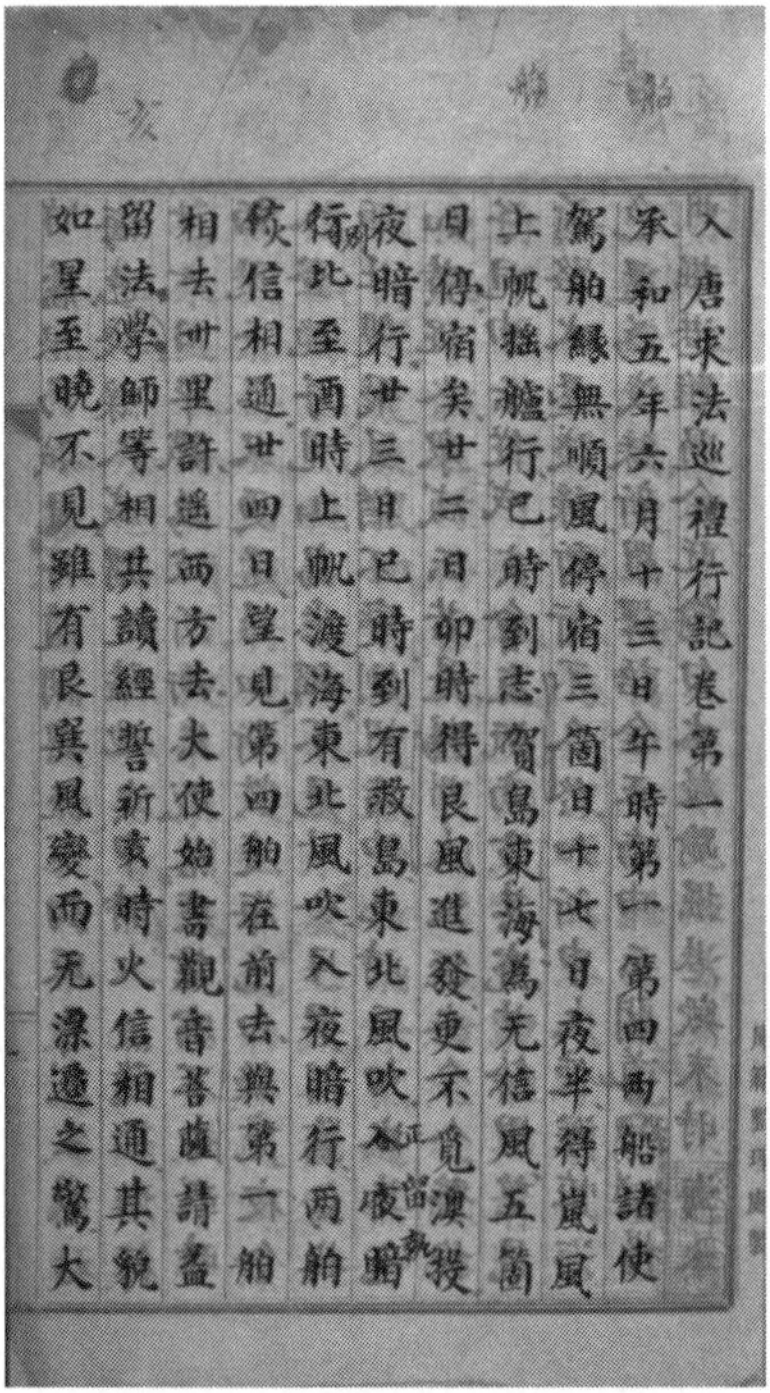

入唐求法巡禮行記卷第一

承和五年六月十三日午時第一第四兩船諸使

駕舶縁無順風停宿三箇日十七日夜半得嵐風

上帆揺艣行巳時到志賀島東海爲无信風五箇

日停宿矣廿二日卯時得良風進發更不見澳投

夜暗行廿三日巳時到有救島東北風吹夜暗

行北至酉時上帆渡海東北風吹入夜暗行兩舶

秋信相通廿四日望見第四舶在前去與第一舶

相去卅里許遥西方去大使始書觀音菩薩請盍

留法學師等相共讀經誓祈亥時火信相通其貌

如星至曉不見雖有艮巽風變而无漂遭之驚大

『入唐求法巡礼行記』には、およそ９年間にわたる円仁の旅の記録が、日記の形式で記されている。

ガイチ流ひとくちメモ

円仁は唐からの帰国後、日本の関東や東北の主要な仏寺(500寺以上)を創建・再興したと伝えられています。のちに比叡山延暦寺の第3代天台座主《ざす》となり、死後は慈《じ》覚《かく》大師の名で、広くその偉業が称えられることになりました。ちなみに第5代が円珍(智証《ちしょう》大師)です。

世界最古の本格長編小説『源氏物語』

時代を超えて人々の共感を得る繊細で豊かな人物・心理描写

言わずと知れた日本を代表する平安文学『源氏物語』は、主人公の光源氏をはじめとした登場人物たちの人間関係や、揺れ動く心の描写に重きを置いた、世界最古の本格的長編小説といわれています（11世紀初めに完成か）。物語の中で起こる出来事そのものよりも、出来事が登場人物の心に与える影響を繊細に描写した紫式部の筆致（大河ドラマ『光る君へ』も評判に！）は、16・17世紀のシェイクスピア作品や、20世紀文学にも匹敵しうる高度な表現技法として、世界中の研究者から高く評価されています。

出典：国指定文化財等データベースHPほか

平安末期の『源氏物語絵巻』（上写真）や江戸時代の『源氏物語図屛風（若菜上）』（左写真）など、『源氏物語』は時代を超えて絵画化されている。

出典： ColBase (https://colbase.nich.go.jp)

ガイチ流ひとくちメモ

　2004年から続く樋口一葉にかわり、2024年に津田梅子が5000円札の肖像となりましたが、初めて日本銀行券に載った女性は紫式部なんですよ。2000年から辛うじて流通を続ける（発行は停止）2000円札です。『源氏物語絵巻「鈴虫」』とともに裏面の右下にチラリ。

世界最古の舞台芸術　能楽

芸術性の高い個性的な面を用いて独自の世界観を表現する伝統芸能

古来より伝わる日本の芸能として、最も有名なもののひとつといえる能楽は、長い歴史と独自の高い芸術性を両立させている点で、世界に数ある仮面劇とは一線を画す存在であると評することができます。

世界の仮面劇においては、仮面は単に顔を隠すためのものであったり、誇張の激しい滑稽な面であったりして、日本の能面ほど洗練されたデザインのものはほとんど見当たりません。

能楽は、仮面劇を芸術にまで昇華させた、世界最古の存在なのです。

出典：能楽協会HP

能楽に使用される能舞台と能面。日本独自のセンスで構成された和の仮面劇は、世界中の人々を魅了し続けている。

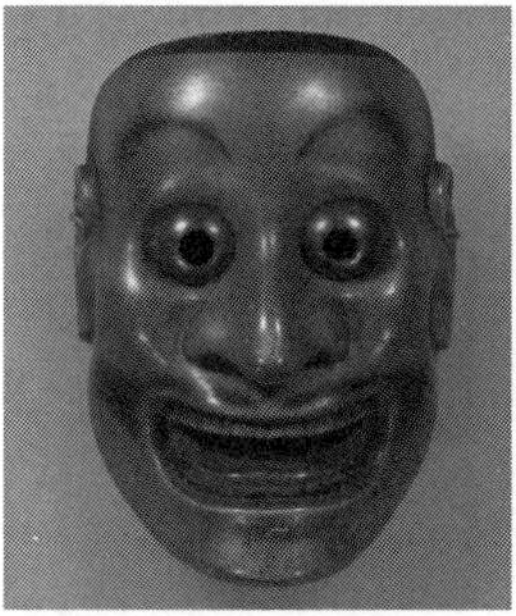

出典：ColBase (https://colbase.nich.go.jp)

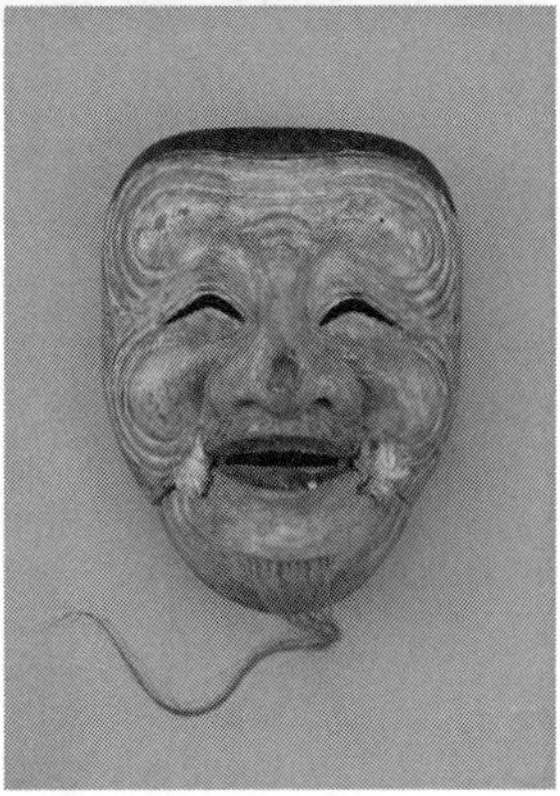

出典：ColBase (https://colbase.nich.go.jp)

ガイチ流ひとくちメモ

能楽の大成者、世阿弥。父の観阿弥とともに室町幕府3代将軍・足利義満、のち4代将軍・義持の保護を受けたが、晩年は6代将軍・義教により佐渡島に流されるなど苦労も多かった。「秘すれば花」「初心忘るべからず」は、それぞれ『風姿花伝』『花鏡《かきょう》』に書いた言葉です。

戦国後期の日本は世界最強の軍事大国

信長が主導した軍事革命でヨーロッパを凌駕した日本

軍事革命の三要件は「火器の発達」「軍隊の増強」「要塞の強化」だといわれていますが、戦国・安土桃山時代に、これらの要件を世界一の速度と質で主導したのが、明智光秀、柴田勝家、羽柴秀吉ら優秀な家臣を擁した織田信長でした。従来の合戦の手法を変えるターニングポイントとなった長篠（設楽原《したらがはら》）の戦いで見られた、約3000丁もの鉄砲の用意や、そうした最新装備を使いこなす練度の高い軍隊の育成、鉄砲での戦闘を想定した安土城の築城など、信長による軍事革命は当時の世界最先端だったのです。

出典：『日本史の中の世界一』（育鵬社）ほか

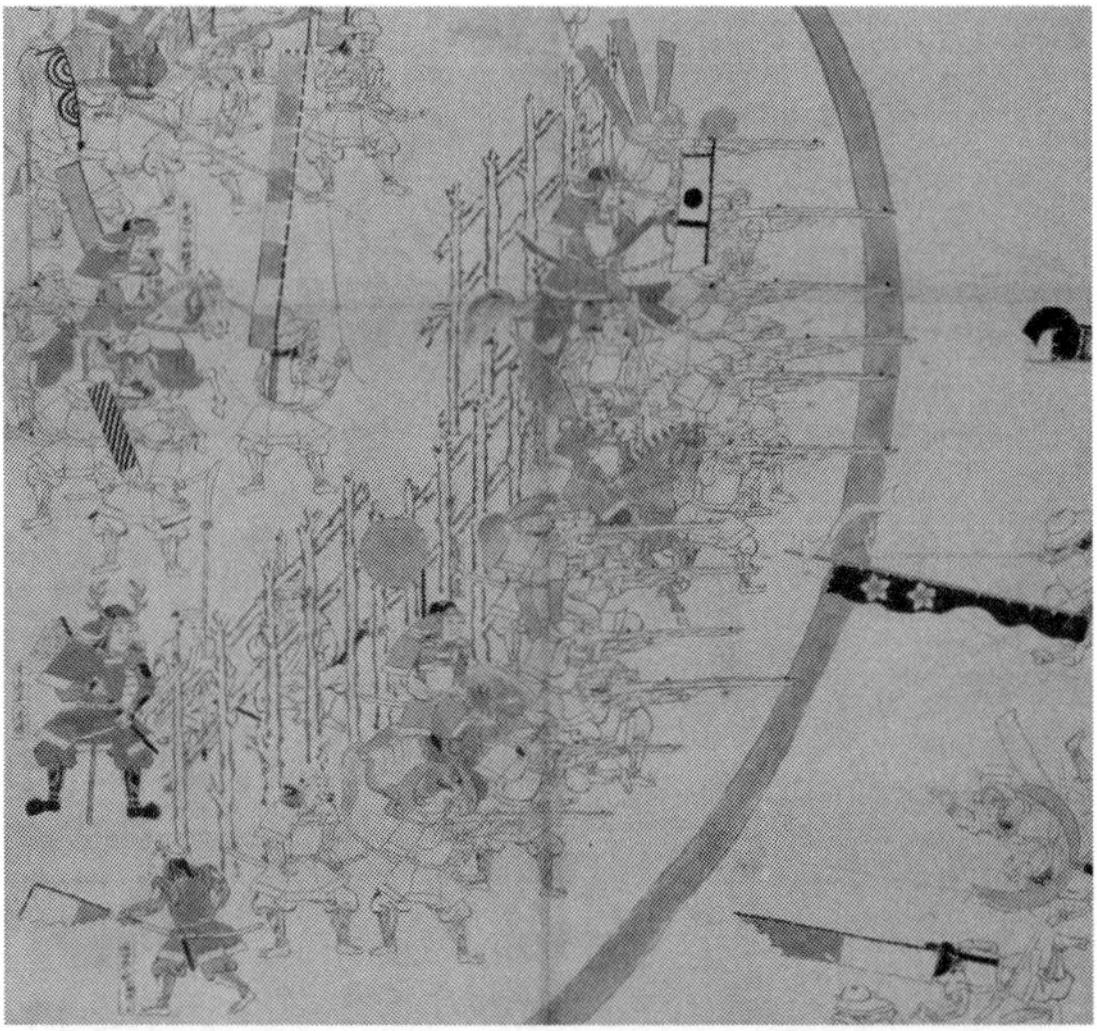

出典： ColBase (https://colbase.nich.go.jp)

世界で初めて鉄砲が効果的に大規模運用されたともいわれる長篠の戦い（上写真）。江戸時代以降は、鎖国や武器の取り締まりの影響で、銃器開発のペースは落ちたという。下写真は江戸時代の火縄銃。

ガイチ流ひとくちメモ

鉄砲は、1543（1542）年、中国人王直の船に乗るポルトガル人が、種子島（鹿児島県）の島主だった種子島時《とき》堯《たか》に伝えたとされています。のちに鉄砲鍛冶による国産化が進み、堺（大阪府）、国友（滋賀県）、根来《ねごろ》・雑賀《さいか》（和歌山県）などが主要産地となりました。

安土城は当時世界最大の城

日本で初めて大型の天守閣を備え信長の威光を広く知らしめた城

16世紀後半に織田信長によって築城された安土城は、およそ46メートルの高さの天守閣（天主）を持つ、世界で初めての木造高層建築（五層七重）であったといわれています。当時、実際に安土城を観覧したイエズス会宣教師ルイス・フロイスの記録などによると、それまでに見たことがないほどの豪華絢爛な城だったそうです。しかし、織田信長が本能寺の変で討たれたこともあり、完成からわずか3年で廃城。今では幻の名城として、いくつかの遺構が残されているだけです。

出典：『日本史の中の世界一』（育鵬社）ほか

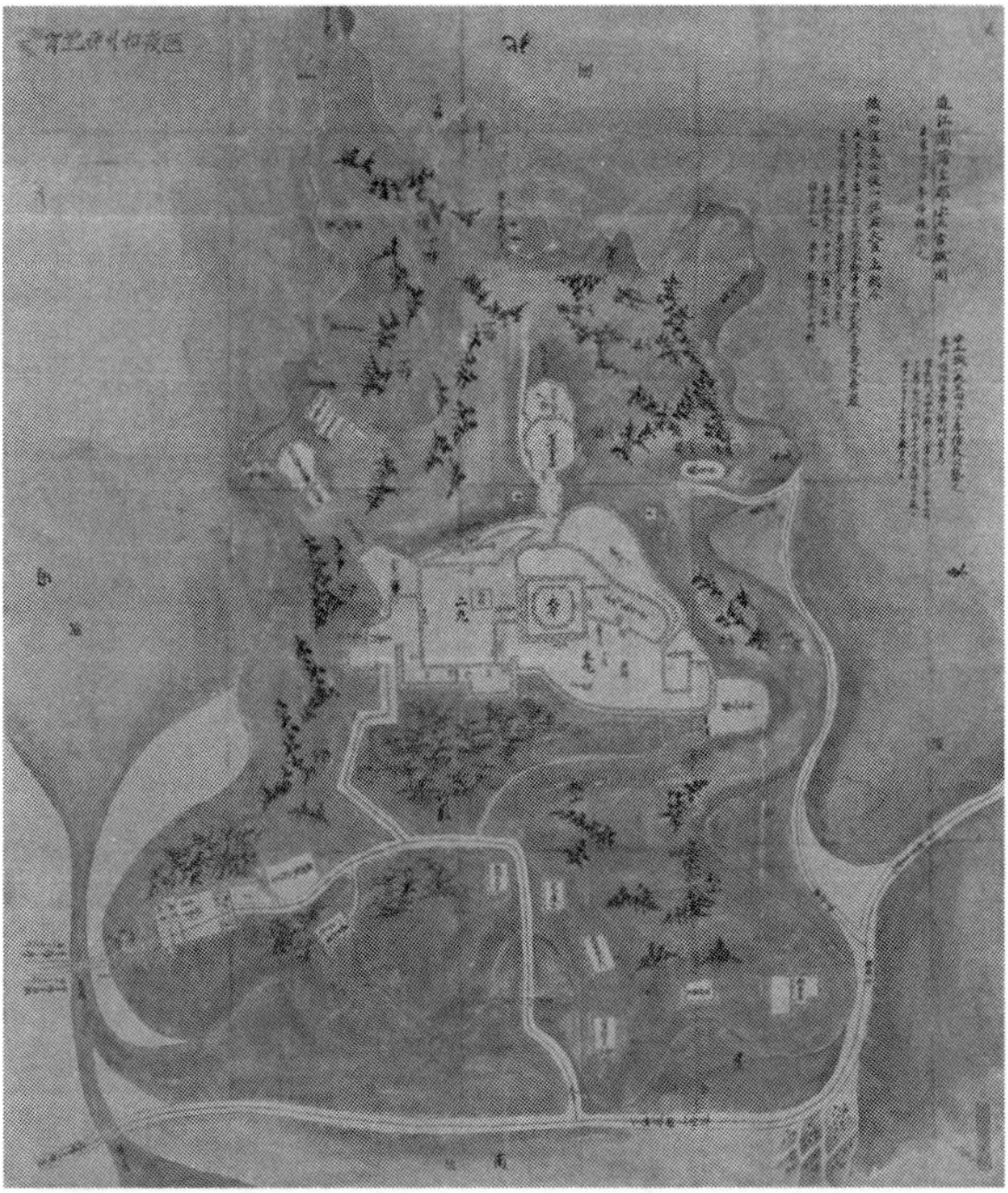

出典:〔日本古城絵図〕東山道之部（1）121 江州安土古城図（国立国会図書館蔵）

安土城のスケールが伝わる江州安土古城図（上写真）。現在は石垣など、一部の遺構が残るのみ。

ガイチ流ひとくちメモ

織田信長は、狩野《かのう》派を代表する絵師・狩野永徳に描かせたという「安土城図屏風」を、宣教師経由で当時のローマ教皇に献上しました。城の全容を明かすための有力な資料として注目されていますが、現在は行方不明で、捜索が進められています。

豊臣秀吉の軍は世界最強クラスだった

長い戦国の世に揉まれ熟達した精鋭たち世界征服もあながち夢物語ではなかった?

豊臣秀吉が有していた総兵力は、朝鮮半島に攻め入った文禄・慶長の役の時点でおよそ50万人にも及んだとされています。しかも、これらの兵士たちの多くは実戦経験の豊富な手練《てだ》ればかりで、同時代の他国と比べても、数だけでなく質の面でも群を抜いてすぐれていました。

国内で量産化された鉄砲の保有数も当時世界最多と見られ、戦国末期には50万丁もの鉄砲が日本に存在していたといわれています。

あらゆる面で、当時の日本の軍事力（特に陸軍力）は世界一だったのです。

出典:『日本の戦史 朝鮮の役』（徳間書店）ほか

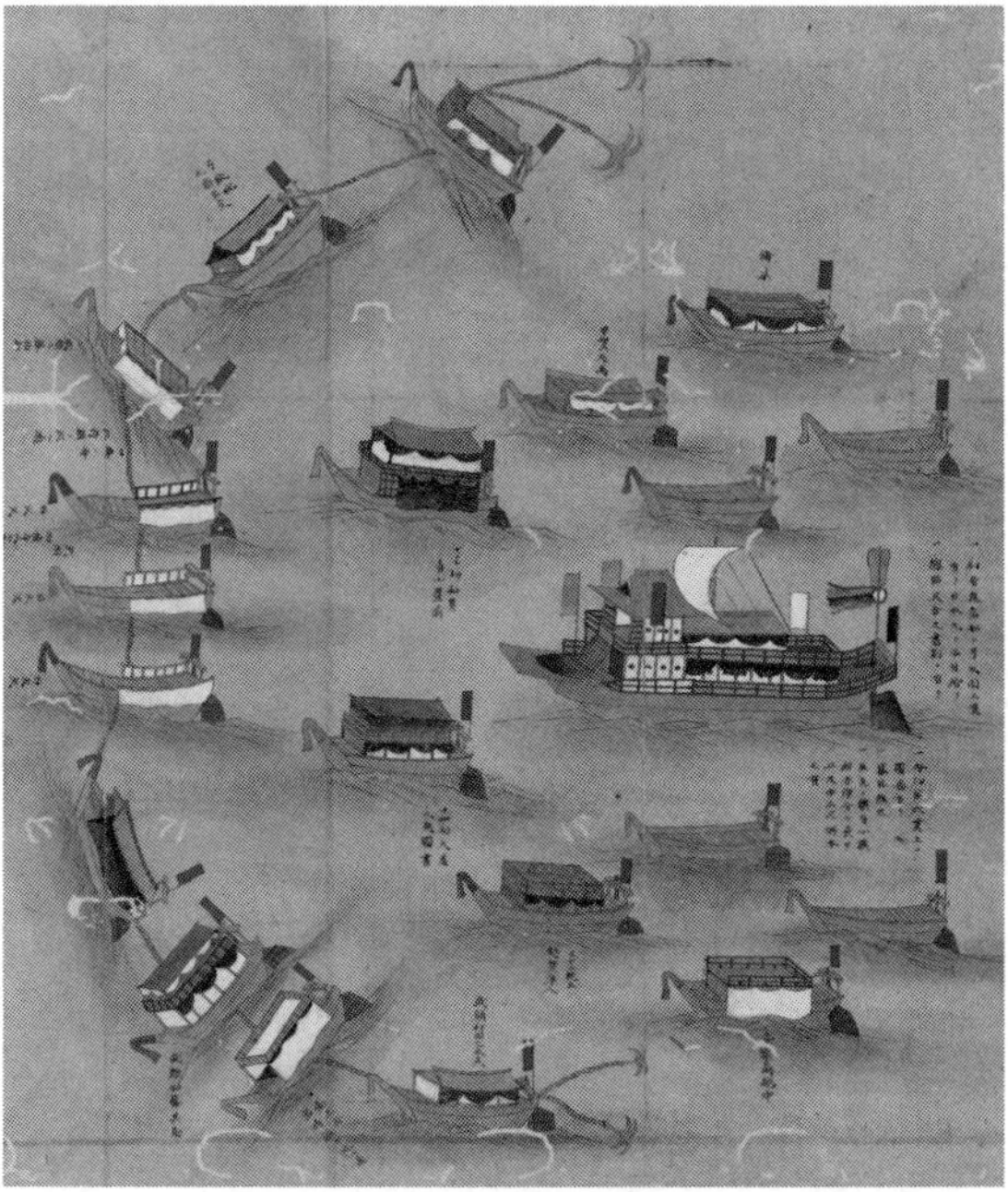

出典:『九鬼公釜山海船柵之図』（東京大学駒場図書館所蔵）部分

文禄の役で活躍した九鬼水軍の船団を描いた図。軍船の数からも、秀吉軍の規模の強大さがわかる。

ガイチ流ひとくちメモ

秀吉が朝鮮出兵に踏み切った理由については諸説あり、家族の死の悲しみを晴らすためだとか、貿易ルート確保のためだとか、単なる領土欲だとか、研究者の間でも議論が続いていますが、結局は謎のままとなっています。天下人にも色々あったのでしょう。

16世紀の日本は世界一の銀輸出国

黄金時代のスペインにも匹敵？
屈指の銀産出国だった日本

２００７年に世界文化遺産に登録された島根県の石見《いわみ》銀山が最盛期を迎えたのは、16世紀後半～17世紀初め。同銀山の銀輸出額は、世界の銀産出額の３分の１を占めていました。

当時、「太陽の沈まぬ国」として栄華を極めていたスペインもまた、中南米を植民地化する過程で銀鉱を発見し経済大国へと成長しましたが、遥か東方の日本では、それが国内産の銀でまかなえていたのです。銀によって得られた富は、各地の戦国大名や豊臣政権、徳川幕府の財政を支えたのです。

出典：『日本史の中の世界一』（育鵬社）

当時の日本における銀産出の中心的存在だった石見銀山。ピーク時には日本全体で年間約200トンもの銀が採れたという。

ガイチ流ひとくちメモ

日本で採れた銀の大半は、南蛮貿易や朱印船貿易、鎖国後は長崎貿易によって主に中国（明のち清）に流出しました。また、国内で貯蔵された銀は、江戸幕府によって各種公共事業につぎ込まれ、やがて17世紀末ごろには、各地の銀山はほぼ掘りつくされたそうです。

江戸の人口は世界一だった

推定総人口は100万人超え！
太平の世を謳歌した江戸市民たち

記録によれば、江戸時代後期の江戸の人口は、実際に江戸に籍を置いている町人（町方人口）だけで約50万人を超えたとされています。そこに地方から来た出稼ぎ人や、僧侶・神職の寺社方人口、将軍直轄の旗本・御家人や参勤交代で江戸に来る大名・藩士、それらの家族や奉公人を含む武家人口が合わさり、推定総人口は100万とも150万ともいわれています。

当時の世界の都市人口は、ロンドンや北京でも100万人足らずといわれていますから、江戸の人口がトップクラスだったのは間違いないでしょう。

出典：『撰要類集』『享保撰要類集』など各種史料

出典：『四季交加』（筑波大学附属図書館所蔵）部分

当時の江戸市民たちの姿を生き生きと描いた『四季交加（しきのゆきかい）』。町民や商人など、あらゆる階層の人々が行き交う姿が確認できる。

ガイチ流ひとくちメモ

江戸における男女の人口比は約7：3。これは、参勤交代で全国の大名が集まり、武家人口が半数を占める特殊な事情によるもの。といって、女性が生きにくい都市ではなく、少ないからこそチヤホヤされていた部分もあったようです。政治家やリケジョ、オタサーの姫的な？

江戸は世界一美しい都市だった？

単に清潔なだけじゃない？
外国人も認めたガーデンシティ江戸

「将軍のお膝元」である江戸は、当時の世界の都市の中で最も清潔であったといわれることがあります。その理由として挙げられるのが、人糞尿を肥料として利用するリサイクルシステムの確立で、これにより、ヨーロッパの諸都市のように町が糞尿まみれになるような事態は避けられたのです。

また、江戸の諸所に見られた数々の大名庭園や生垣《いけがき》などの美しさも見事だったようで、初代駐日イギリス公使となったオールコックも、「日本人は偉大なアマチュア園芸家である」との言葉を残しています。

出典：『日本史の中の世界一』（育鵬社）ほか

江戸にあった大名庭園で現代に残っているのは、水戸藩の小石川後楽園（上写真）や柳沢吉保（よしやす）の六義園（りくぎえん、下写真）などごくわずか。

ガイチ流ひとくちメモ

開国後、江戸を訪れたイギリス人ロバート・フォーチュンは、著書『幕末日本探訪記』で「日本人の国民性の著しい特色は、庶民でも生来の花好きであることだ」と述べています。日本では、日常的に草花を愛でる文化が根付いていたのです。

東大寺大仏殿は世界最大級の木造建築

平和な世を願って建立されるも その歴史は苦難の連続で……

奈良・東大寺の大仏殿は、盧舎那仏《るしゃなぶつ》坐像を安置するため、当初758年に建立されました。しかし、戦火に巻き込まれて2度も焼失し、現在の大仏殿は江戸時代中期に再建されたものです。その後も、明治維新期の廃仏毀釈《はいぶつきしゃく》（＝仏教バッシング）などの危機を迎えながら、令和の今も存続しています。

長らく世界最大の木造建築として知られてきた東大寺大仏殿ですが、近年は建築技術の進歩により、より大きな木造建築が増えてきました。それでも、木造軸組建築としては、今なお世界最大とされています。

出典： 東大寺公式HPほか

出典： ColBase (https://colbase.nich.go.jp)

「東大寺縁起」に描かれた東大寺。絵からもその大きさが伝わってくる。

ガイチ流ひとくちメモ

東大寺大仏殿の焼失は、1180年に平清盛の命で行われた、子の重衡《しげひら》による「南都焼打ち」と、1567年に戦国大名・松永久秀が放火（?）した際の2度。ただし、大仏殿前の八角燈籠だけは奈良時代当時の姿のまま立ちっぱなし。これはスゴい！

沖縄で見つかった世界最古の釣り針

2万年以上前のサキタリ洞人が使っていた人類最古の釣り針

沖縄県のガンガラーの谷の入口に位置するサキタリ洞遺跡は、日本で初めて旧石器時代の人骨と石器が同時に発見された遺跡として知られています。この遺跡に暮らしていた旧石器時代の人類は「サキタリ洞人」と呼ばれています。およそ1万3000～1万6000年前のⅠ層と、2万～2万3000年前のⅡ層の2つの層からさまざまな遺物が発掘されました。

なかでもとりわけ有名なのがⅡ層から見つかった、ギンタカハマという巻き貝で造られた世界最古の釣り針です。

出典：沖縄県立博物館・美術館HPほか

貴重な旧石器時代の遺物が多数発掘され、現在も発掘が継続中のサキタリ洞遺跡。

世界の豆知識

実は釣り具業界で売上高が世界一なのは日本の企業です。その企業の名前は「グローブライト社」。ピンとこない企業名かもしれませんが、ダイワといえばわかる中高年の方もいるのではないでしょうか。グローブライト社は2009年にダイワ精工が社名変更した企業なのです。

世界一長い並木道　日光杉並木

徳川家の忠臣が植林し続けた杉
ギネス記録の陰には樹勢衰退問題も

日光東照宮に続く参道としてつくられた日光杉並木は、世界で一番長い並木道として、1992年にギネス世界記録に登録されました。

この杉並木は、徳川家康（＝東照大権現《とうしょうだいごんげん》、1616年没）の旗本だった松平正綱が、1625年ごろから約20年もの歳月をかけて植林したもので、現存する杉の本数は約1万2500本、総延長は約37キロにもわたります。

しかし、車の排気ガスや振動、沿線開発などの複合公害によって杉は減少傾向にあり、地元では保護活動が続けられています。

出典： 日光東照宮HPほか

杉並木を整備した松平正綱は、家康・秀忠・家光の三代に仕えた重臣で、家康を尊敬する気持ちが特に強かったという。

ガイチ流ひとくちメモ

神社に杉が多く植えられるのは、神々の住む高天原《たかまがはら》から神が地上界へ降り立つ際、杉の木を伝ってくるという言い伝えがあるからだそうです。また、杉は素戔嗚尊（スサノオノミコト）の体毛であるという伝説もあります。まあ、無礼者がいたずらで木登りもできなそうですしね。

世界一の正確さを誇った『大日本沿海輿地全図』

55歳から日本全土の実測踏破を始めた伊能忠敬の高い技術と強い情熱

江戸時代後期の測量家である伊能忠敬《ただたか》らが作成した『大日本沿海輿地《よち》全図（伊能図）』は、当時としては世界一といえる正確さで描かれた、日本全土の実測地図です。忠敬は、当時の測量技術を巧みに組み合わせたほか、日本で初めて天体を利用した測量法を取り入れることで、高い精度を実現しました。

忠敬ら一行の測量旅行距離は4・4万キロメートルにも及んだといわれ、これは地球一周をゆうに超える距離でした。これほど長距離の測量を徒歩で行った例は、世界の測量史を見てもほかにありません。

出典：『日本史の中の世界一』（育鵬社）

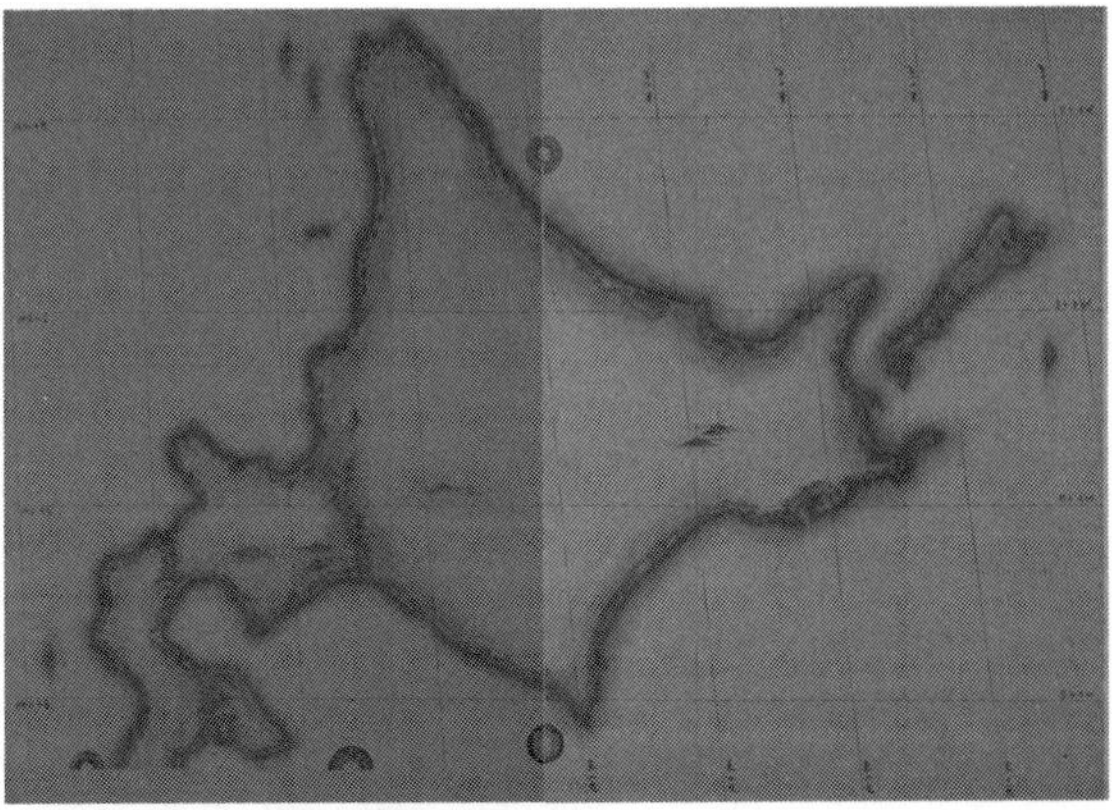

出典： ColBase (https://colbase.nich.go.jp) を加工して作成

出典： 千葉県香取市伊能忠敬記念館蔵

伊能忠敬の肖像画と、『大日本沿海輿地全図』の北海道部分。現代の地図と比べても、ほとんど遜色ない精度であることがわかる。

ガイチ流ひとくちメモ

伊能忠敬は農村の名主の家に生まれ、佐原《さわら》（現在の千葉県香取《かとり》市）の商家へ婿養子に入りました。50歳で隠居して天文学・測量学を学ぶため江戸に出るまでは家業に専念し、飢饉《ききん》の際には貧民救済にも取り組みました。「セカンドキャリア」「リカレント教育」の最高の成功例。

世界初の協同組合を結成した大原幽学

合理的な農業経営の仕組みを考案した農民指導者・大原幽学の波乱万丈の人生

江戸時代後期の農政学者である大原幽学は、世界初の農業協同組合といわれる「先祖株組合」の考案者です。これは、組合員から提供された農地を組合の共有財産とし、利益を積み立て、農村全体の運営に充当するものでした。尾張藩士を辞した幽学は、放浪生活の中でさまざまな知識を身に付け、やがて独自の実践道徳である「性学」を唱え、現在の千葉県旭市に土着し、改心楼で多くの門弟を教えます。しかし、そのことや先祖株組合の活動が「一揆の扇動か」と幕府の嫌疑を受け、最後は自刃に追い込まれてしまいました。

出典：大原幽学記念館HP、日本自治体労働組合総連合HP

大原幽学の略歴

1797年	尾張藩大道寺家の出と伝えられる
1814年	生家を勘当され漂泊の生活が始まる
1823年	近江国伊吹山松尾寺に寄寓し、住職提宗に学ぶ
1830年	提宗和尚の激励をうけて社会運動の実践を決意
1831年	信濃国上田および小諸で講義をし、門人が増える
1835年	名主・遠藤伊兵衛の依頼で下総国長部（ながべ）村を訪れる
1838年	長部村に先祖株組合を結成する
1841年	長部村で土地の分合、耕地整理を行う
1848年	領主から模範村として表彰される
1850年	教導所「改心楼」が完成
1852年	関東取締出役が改心楼へ乱入し幽学の取り調べが始まる
1857年	改心楼の棄却、組合の解散、押込百日の判決が下る
1858年	長部村の墓地で自刃を遂げる

世界の豆知識

大原幽学による先祖株組合創設から6年後、イギリスでもロッチデール公正先駆者組合という消費組合が設立されています。解散することなく成功を収めたこの消費組合の運営理論は、「ロッチデール原則」として後世に広まりました。

世界最高水準だった江戸時代の教育

早くから進められた庶民教育
日本人の識字率に外国人も驚愕

長きにわたり平和が続いた江戸時代には、藩校（藩学）や郷校（郷学）、私塾や寺子屋といった教育機関が充実し、当時の日本人たちが享受していた教育水準の高さは、世界でもトップクラスでした。特に幕末には寺子屋の数が全国で約1万5000を数え、相当数の国民が読み書きの能力を身に付けていました。密入国の罪で長崎に一時監禁されたアメリカ人のマクドナルドは、「日本社会は法治国家で、日本人は礼儀正しく民度も高い。すべての人が読み書きの教育を受けている」と書き残しています。

出典：『日本史の中の世界一』（育鵬社）

出典: 文学万代の宝」「始の巻」(東京都立図書館所蔵)

江戸時代の浮世絵師・一寸子花里による作品『文学万代の宝』には、当時の寺子屋の様子が詳細に描かれている。

ガイチ流ひとくちメモ

寺子屋（手習所）では、「読み・書き・そろばん」や幕府・藩の法、道徳などを教えました。男女の別や年齢制限、在学期限はなく、富裕な町人・村役人・僧侶・神職・牢人などにより運営され、女性の師匠もいました。費用も入学時に少しと随時のお気持ち程度。素晴らしい！

世界一長い木造歩道橋　蓬萊橋

新時代・明治を生き抜いた旧幕臣たちの記憶が残る場所

静岡県島田市の大井川に架けられた蓬萊橋《ほうらい》は、1997年にギネス世界記録にも登録された、世界最長（全長約900メートル）の木造橋です。

江戸時代には大井川への架橋や渡船が禁じられていましたが、明治時代に入ると、大井川を挟んだ牧之原台地と島田を結ぶ必要が高まり、県の許可を得て蓬萊橋が架けられました。当時、原野だった牧之原を開拓したのは、15代将軍徳川慶喜《よしのぶ》の養子、家達《いえさと》とともにこの地へ移住した旧幕臣たちであり、蓬萊橋は、激動の維新期を生きた人々の生活の様子を今に伝えています。

出典：島田市観光協会HP、『日本史の中の世界一』（育鵬社）

蓬莱橋は通行料がかかる国内でも珍しい賃取橋で、ギネス世界記録登録後は県外からも観光客が訪れるようになったという。

ガイチ流ひとくちメモ

牧之原台地を開墾する旧幕臣たちを激励するために幼い徳川家達が視察を行ったときのこと。富士山を望み、満開の桜が咲き誇る風景を、家臣たちは仙人が住むという伝説の蓬莱にたとえました。これが橋の名の由来だそうです。のち、牧之原は茶の名産地となりました。

世界を牽引した日本の細菌学

細菌学の黎明期に活躍した日本の偉大な研究者たち

世界における細菌学の発展に目を向けたとき、黎明期から同分野の研究に従事・貢献した日本人たちの活躍には、目を見張るものがあります。

近代細菌学の開祖のひとりとされるドイツのコッホに師事した北里柴三郎《きたさと》は、破傷風菌の純粋培養に成功し、血清療法なども発見しました。また、北里に師事しドイツに留学した志賀潔《きよし》と秦《はた》佐八郎は、それぞれ赤痢《せきり》菌とサルバルサン（梅毒の特効薬）の発見者です。黄熱病の研究で有名な野口英世《ひでよ》も北里に師事した細菌学者で、彼らの功績は世界に大きな影響を与えました。

出典：日本細菌学雑誌 58巻4号『世界の細菌学史に残る日本人の足跡』（竹田美文）ほか

志賀潔

北里柴三郎

野口英世

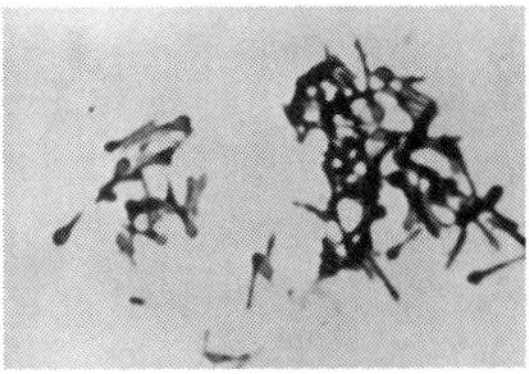
顕微鏡で見た破傷風菌

ここで紹介した人物以外にも、ワイル病の病原体を発見した稲田龍吉と井戸泰や、野兎病の病原体を発見した大原八郎と芳賀竹四郎など、日本は多くの優秀な細菌学者たちを輩出している。

世界の豆知識

細菌学で世界的に有名なのが、フランスのパスツールとドイツのコッホです。彼らはそれぞれ、ワクチンの開発やコレラ菌の発見といった重大な功績を残し、医学の発展に貢献しました。ちなみに細菌はウイルスと違い、自ら増殖可能で、大きさもウイルスの約10～100倍あります。

当時世界最強の戦闘機だった零戦

第二次世界大戦初頭に大戦果を挙げた零式艦上戦闘機の強さの秘密とは？

第二次世界大戦期に三菱重工業が開発した海軍の零《れい》式艦上戦闘機、通称〝零《ゼロ》戦〟は、初陣となった１９４０年の中国戦線で、２倍以上の数の敵機を壊滅させたという逸話を持つ、当時としては最強クラスの戦闘機でした。

その強さの秘密は、極限まで突き詰めた軽量化によって可能となった、高い旋回性能と強力な武装の搭載にあったといわれています。しかし、その反面、急降下による負荷にも耐えられないほど機体が脆かったため、弱点を知られると、次第に戦果を挙げられなくなっていきました。

出典：『日本航空機総集』（出版協同社）ほか

零戦は空中での格闘性能だけでなく、航続距離の面でも優秀なスペックを誇っていた。

ガイチ流ひとくちメモ

当時の日本の高い技術力を象徴する存在ともいえる零戦は、今なお根強いファンが多く、世界中の博物館などに残存する機体が展示されています。ほとんどは静態展示ですが、一部は飛行可能な状態を維持しており、飛行ショーなどでその勇姿を披露しています。

世界一のサイズを誇った戦艦大和

大艦巨砲主義の極致に至った超超弩《ド》級戦艦の誕生秘話

言わずと知れた世界最大の戦艦大和《やまと》は、当時の日本の技術の粋《すい》を集めて建造され、船の重量を表す排水量は史上最大、搭載された46センチ主砲も、同じく史上最大の口径と射程を誇りました。

ワシントン海軍軍縮条約によって主力艦の新造が規制された際、建造技術の衰退を危惧した日本海軍は、既存の戦艦を頻繁に改造することで作業機会を確保し、技術の継承を促進したといいます。こうした陰の努力が、世界一の戦艦をつくったのです（「弩級」は英戦艦のドレッドノート級の意）。

出典：『日本史の中の世界一』（育鵬社）ほか

主要国の戦艦サイズ比較（第二次世界大戦）

大和型（日本）	全長：263.40m 全幅：38.9m 基準排水量：64,000t
アイオワ級（アメリカ）	全長：270.43m 全幅：32.97m 基準排水量：48,425t
ビスマルク級（ドイツ）	全長：251.0m 全幅：36.0m 基準排水量：41,700t
リットリオ級（イタリア）	全長：224.5〜237.8m 全幅：32.43〜32.9m 基準排水量：41,177t
リシュリュー級（フランス）	全長：247.8m 全幅：33〜35.5m 基準排水量：35,560〜42,806t
キング・ジョージ5世級（イギリス）	全長：227.1m 全幅：31.5m 基準排水量：38,030t

ガイチ流ひとくちメモ

世界最大の戦艦である大和には、武蔵と信濃という同型艦が存在しました。武蔵には、大和建造中に判明した不具合を改善して反映したほか、信濃は戦況の変化にあわせ戦艦から空母（航空母艦）へと改造されました。その大和型三姉妹も、今は海底で眠っています。

世界に例のない日本の高度経済成長

実質経済成長率は年平均10％！
欧米を凌駕した復興期の日本の活力

第二次世界大戦の敗戦国となった日本ですが、戦後の混乱期を乗り越え、やがて朝鮮戦争勃発による「特需景気」を経て、１９５５年から高度経済成長期を迎えます。「神武景気」「岩戸景気」「オリンピック景気」「いざなぎ景気（ベトナム特需）」「列島改造ブーム」と呼ばれる好景気が１９７３年まで継続。１９５０年代後半には「三種の神器（白黒テレビ・電気洗濯機・電気冷蔵庫）」、１９６０年代後半には「新三種の神器（カー・クーラー・カラーテレビ＝３Ｃ）」が普及するなど、国民生活は急速に豊かになりました。

出典： 国土交通省「平成24年度　国土交通白書」、内閣府「国民経済計算」ほか

高度経済成長期の日本のGDP・実質経済成長率推移

年	実質GDP（兆円）	実質経済成長率（%）
1955	47.9393	―
1956	51.1948	6.8
1957	55.3647	8.1
1958	59.0101	6.6
1959	65.6282	11.2
1960	73.5041	12
1961	82.1249	11.7
1962	88.3183	7.5
1963	97.5025	10.4
1964	106.7537	9.5
1965	113.3619	6.2
1966	125.8822	11
1967	139.7799	11
1968	157.0589	12.4
1969	175.9401	12
1970	190.448	8.2
1971	200.0519	5
1972	218.2145	9.1
1973	229.3262	5.1

ガイチ流ひとくちメモ

高度経済成長の主要因は、55年体制による政権安定と春闘による企業の労使協調を背景にした、国民の高い教育水準と貯蓄率、1ドル＝360円の固定為替相場とアラブ諸国からの石油の安定供給でした。ドルショック（1971年）とオイルショック（1973年）で動揺、終焉《しゅうえん》します。

第4章

日本のザンネン（？）な世界一

高齢者の割合が世界一多いことの良否は？

4人に1人以上が高齢者
日本は高齢者大国

日本のザンネンな世界一として、まず挙げられるのは「高齢者人口の割合」でしょう。これは、総人口に占める高齢者の割合のことで、日本の割合は29・3％。それに次ぐマルティニークが25・3％ですから、かなり差を付けています。高齢者が多くなれば、医療費と社会保障費が増大し、それらは若い世代に税負担としてのしかかります。さらに少子化が進み若者の割合が減れば、日本の若者たちは将来的にこれまで経験したことがないほどの負担を背負うことになるかもしれません。世代間対立は避けたいですね……。

出典： 総務省／統計から見た我が国の高齢者

高齢者人口の割合ランキング　TOP10

順位		総人口に占める65歳以上人口の割合
1	日本	29.3%
2	マルティニーク	25.3%
3	プエルトリコ	24.7%
4	イタリア	24.6%
5	ポルトガル	24.5%
6	ギリシャ	23.9%
7	グアドループ	23.9%
8	フィンランド	23.9%
9	ドイツ	23.2%
10	ブルガリア	23.2%

※2024年の推計データ

世界の豆知識

高齢者人口の割合が少ないのはアラブ首長国連邦やカタールなどの産油国です。これらの国は外国からの出稼ぎ労働者が多いですが、外国人と自国民との給与には大きな差があります。そのため、出稼ぎ労働者が中高年となると生活が厳しくなり、自国に帰っていくのです。

日本は世界一のギャンブル大国

日本は他国に大きな差を付けるギャンブル依存症大国だった！

ザンネンな世界1位といえば、ギャンブルなどへの依存が疑われる人の割合も、日本が世界1位だということをご存知でしょうか。これは、ＳＯＧＳ（South Oaks Gambling Screen）と呼ばれるアメリカ精神医学界の診断基準を用いた疫学的調査によって判明した事実です。ＳＯＧＳでは、「これまでにどんなギャンブルをどれくらいやっていたか」「過去12カ月でどのくらいやったか」などの設問で構成されており、全国調査の結果、日本は２０１７年で実に総人口の３・６％がギャンブル依存の状態にあるとされたのです。

出典：日本医療研究開発機構（久里浜医療センターに調査を委託）

ギャンブル依存症の割合ランキング　TOP10

順位		割合
1	日本	3.6%
2	オーストラリア	2.0%
3	オランダ	1.9%
4	アメリカ	1.9%
5	香港（中国）	1.8%
6	フランス	1.2%
7	スイス	1.1%
8	カナダ	0.9%
9	イギリス	0.8%
10	韓国	0.8%

世界の豆知識

世界最大のカジノはラスベガスでもマカオでもなく、イタリアにある「カジノ・ディ・カンピオーネ」です。カジノ・ディ・カンピオーネはヨーロッパで最も古いカジノで、1917年に創立され、2007年に移転したのをきっかけに9階建ての巨大カジノになりました。

中学教員の仕事時間は先進国最長

勤務時間は長いのに授業時間は平均以下

経済協力開発機構（ＯＥＣＤ）による世界48カ国・地域の中学校の教員を対象にした勤務環境などの調査の結果、日本の教員の仕事時間は週56時間で1位となりました。クラブ活動など課外活動の指導時間が平均１・９時間に対して、日本は７・５時間と飛び抜けて長く、また事務作業や授業準備時間も平均を上回っています。一方で授業時間は18・０時間と、平均の20・３時間よりも短く、授業以外に労力を費やしているのが、長時間勤務の実態のようです。せめて受験指導くらい塾や動画に任せてください……。

出典：経済協力開発機構（OECD）国際教員指導環境調査2018

中学教員の勤務時間ランキング TOP10

順位		時間／週
1	日本	56.0
2	カザフスタン	48.8
3	カナダ（アルバータ州）	47.0
4	イギリス（イングランド）	46.9
5	アメリカ	46.2
6	ベトナム	46.0
7	シンガポール	45.7
8	ニュージーランド	45.5
9	中国（上海）	45.3
10	オーストラリア	44.8

ガイチ流ひとくちメモ

日本では、勤務時間の長さに対して、教員としての能力を上げるための職能時間は調査国の中で最も短くなっています。教員や教育の質の向上という観点からすると、課題の多く残る調査結果といわざるを得ません。今後の改善は急務です。あと、ぜひぜひ、待遇ＵＰを！

有給休暇取得率最少の働き者大国、日本

ダントツで休まない日本
多くの国が90%超えの取得率

世界最大級の総合旅行サイト・エクスペディアの日本語サイト、エクスペディア・ジャパン（現：エクスペディア）による有給休暇の国際比較調査は、世界11地域における働く男女1万1580人を対象に行われました。

その結果、日本の有給休暇取得率は11地域の中で圧倒的な最下位。取得しない理由として、多くの人が「人手不足など仕事の都合上難しいため」または「緊急時に取っておくため」と答えました。周りを気にして休めないのは、日本人の国民性といえるでしょう。よく働く国民性ともいえますが。

出典：エクスペディア・ジャパン調査2024

世界の有給休暇取得率
ランキング　ワースト10

順位		取得率	取得日数／支給日数
1	日本	63%	12/19
2	ニュージーランド オーストラリア	86%	18/21
4	メキシコ	88%	14/16
5	アメリカ	92%	11/12
6	イギリス	93%	25/27
7	ドイツ	93%	27/29
8	フランス	94%	29/31
9	カナダ	95%	18/19
10	シンガポール	95%	19/20

※2023年のデータ

世界の豆知識

上のランキングにおいて、有給日数が同じでも順位が異なるのは、取得率の違いからです。日本は19日の有給に対して12日休んでいるので、取得率は63%。アメリカは取得日数11日と日本の12日を下回っていますが、支給日数12のうち、92%を休暇として消化しているのです。

日本は世界一職場の雰囲気が悪い？

良いと思わない人の割合は旧共産圏を抑えて日本がトップ

もともとのISSP（国際社会調査プログラム）の調査は「自分の職場においてて職場の同僚との関係は良い、と思っている人の割合」というもので、ここでは便宜上、その中から「非常に良い」「まあ良い」を差し引いてランキング化しています。ですから、必ずしも「悪い」と思っている人の割合ではなく「どちらともいえない」という人も含まれています。いずれにしても調査37カ国中、職場の人間関係を肯定的に捉えている日本人の割合が最低であることに違いはありません。殺伐とした雰囲気でも結果さえ出てればアリ？

出典： 国際社会調査プログラム（ISSP）調査2015

職場の人間関係が良いと思わない人ランキング　TOP10

順位		割合
1	日本	30.1%
2	ロシア	24.9%
3	ポーランド	22.0%
4	フランス	21.8%
5	中国	21.5%
6	フィリピン	21.4%
7	インド	21.0%
8	チェコ	20.9%
9	リトアニア	20.8%
10	アメリカ	20.0%

ガイチ流ひとくちメモ

1997年と2005年の同調査で、日本の「良い」の割合は81.5%で最下位ではありませんでした。このことから、近年、非正規雇用が増えたことなどを理由に、急激に職場の雰囲気がドライになったものと予測されます。以前がウェットすぎたのかもしれませんが……。

日本の入院日数が最も長いことの良否は？

手厚い医療体制なのか
それとも過剰医療なのか

入院日数が長いということを「医療体制が整っている」「国民皆保険の実現」「手厚い治療看護」などと肯定的に捉えることもできますが、その反面「医療費がかかりすぎている」「過剰医療」というようなマイナス面もありそうです。ＯＥＣＤの調査によれば、「平均入院日数」は日本がトップ。２位の韓国と実に約１週間の差をつけて、平均27・３日の入院となっています。これはヨーロッパなどで一般的な「家庭医」のシステムが普及していないことも、入院期間の長期化につながっているようです。

出典： 経済協力開発機構（OECD）調査

世界の平均入院期間
ランキング　TOP10

順位		平均入院日数
1	日本	27.3日
2	韓国	19.6日
3	ポルトガル	9.4日
4	ルクセンブルク	9.3日
5	チェコ	9.2日
6	フランス	9.1日
7	ドイツ	8.9日
8	オーストリア	8.5日
9	クロアチア	8.5日
10	イタリア	8.3日

※2022年のデータ。中国のデータなし

世界の豆知識

長期入院が多い要因には「精神病院」もあるようです。統合失調症など、海外では通院で済ませるケースも入院加療となることは多いようです。また、核家族や単独世帯が多い家族構成や、厳しい住宅事情も関係していると思われます。

「国のために戦う」人の割合は最低の日本

「戦う意思がある」は9%「平和志向」の表れか?

各国の世論調査機関が加盟する「WIN―ギャラップ・インターナショナル」は「自国のために戦う意思があるか」どうかについて45の国と地域で調査を実施。その結果、日本は「戦う意思がある」とした人の割合が9%と最も低くなりました。全体的には開発途上国に「YES」の比率の高い国が目立ち、日本以外に低い国ではヨーロッパ諸国が並んでいます。経済力や地域の安定度が結果に反映されているようです。新日米安保条約やNATO(北大西洋条約機構)など、アメリカの影響も大きいとは思いますが。

出典:「WIN―ギャラップ・インターナショナル」調査2023

「自国のために戦う意思がある」ランキング　ワースト10

順位		割合
1	日本	9%
2	イタリア	14%
3	オーストリア	20%
4	ドイツ	23%
5	香港（中国）	28%
6	スペイン	29%
7	ナイジェリア	30%
8	ブルガリア	30%
9	ロシア	32%
10	イギリス	33%

ガイチ流ひとくちメモ

戦う意思こそ低い日本ですが、「戦わない」という割合は50％。同じく「戦う意思」ワーストランキング上位のヨーロッパにもこれが50％を超える国が多く、日本だけが極端に命がけの国防意識に欠けているわけではないようです。

日本は世界一睡眠不足

長寿大国日本の睡眠時間はなぜか世界で最も短い

２０２４年に厚生労働省が発表したデータによれば、日本の平均睡眠時間7時間42分は先進国を中心とした33カ国中で最下位となっています。逆に、ＯＥＣＤに加盟している国の中で最も長い睡眠時間をとっているのが、アメリカでした。日本人の睡眠時間が世界一短い理由としては、スマホの普及、就業時間の長時間化、睡眠に対する意識の低さなどが挙げられています。National Sleep Foundation の調査によると、日本で7時間未満睡眠の人が占める割合は66％にも及ぶそうです。

出典： 厚生労働省ほか

睡眠時間の短さランキング ワースト10

順位		睡眠時間
1	日本	7時間42分
2	韓国	7時間51分
3	ノルウェー	8時間12分
4	ドイツ	8時間18分
5	メキシコ	8時間19分
6	ギリシャ	8時間20分
7	イギリス	8時間28分
8	フランス	8時間33分
9	イタリア	8時間33分
10	トルコ	8時間35分

世界の豆知識

短時間の睡眠で平気な人もいます。それがいわゆる「ショートスリーパー」です。しかし、睡眠の専門家である柳沢正史氏によれば、実際に「ショートスリーパー」に該当する人は数百人に1人しかおらず、自称ショートスリーパーの99%がただの寝不足だそうです。

日本の女性は世界一ポジティブなのに……

男性より女性のほうがポジティブな日本
まさに「男はつらいよ」状態？

女性の社会的地位の低さを指摘される日本。特に政治や経済分野での女性の進出は、世界に後れをとっています。ところがOECDが2020年に行った調査によると、日本以外のOECD諸国では男性よりも女性のほうがネガティブに陥りやすいという結果になった一方、日本は唯一、男性のほうがマイナスの感情を抱きやすいという結果になったのです。社会的な活躍の場は男性のほうが多いのに、女性のほうが物事をポジティブに捉えているわけです。幸せの形は人それぞれということでしょう。

出典： 経済協力開発機構（OECD）調査2020

OECD諸国における ネガティブ感情度の男女比ランキング　TOP10

順位	
1	日本
2	フィンランド
3	韓国
4	チェコ
5	アイスランド
6	メキシコ
7	イスラエル
8	スロバキア
9	アイルランド
10	オーストリア

※男性÷女性で算出、2010～2018年

世界の豆知識

今回の調査では一般的に「女性」「低学歴」「高齢」という属性であるほど、幸福度が下がる傾向にあります。また、女性のほうがネガティブで「マイナスの感情」を抱きやすく、鬱病患者は女性のほうが多いというのが世界の趨勢ですが、日本は逆なのです。

安全な都市でありながらリスク面もトップの東京

世界で最もリスキーな都市 1位・東京、6位・大阪

「世界一安全な国」といわれることも多い日本。銃器による犯罪も極めて少なく、社会インフラや医療体制も充実しており、その評価は高いのですが、一方で違う見方もあるようです。イギリスの保険組合「ロイズ」とケンブリッジ大学の共同調査により発表された「Explore by City〜GDP@Risk」で、最もリスキーな都市としてトップに挙げられたのは、なんと東京。同6位にも大阪が挙げられました。これは、一般的な都市リスクだけでなく自然災害のリスクも考慮したもので、納得する人も多いのではないでしょうか。

出典： イギリス保険組合ロイズ「Explore by City 〜 GDP@Risk」

世界のリスクのある都市ランキング TOP10

順位		損失額
1	東京	2兆6459億円
2	ニューヨーク	1兆6140億円
3	マニラ	1兆4443億円
4	台北	1兆4018億円
5	イスタンブール	1兆3866億円
6	大阪	1兆3517億円
7	ロサンゼルス	1兆2581億円
8	上海	9229億円
9	ロンドン	9175億円
10	バグダッド	8609億円

※2020年３月時点

ガイチ流ひとくちメモ

東日本大震災における保険支払いは約1.3兆円。2018年の西日本豪雨やそれに関連した台風被害でも同じく約1.3兆円が支払われたといい、ロイズのような保険組合からすれば、日本を「リスキーな国」と評価するのも当然なのでしょう。イギリス人らしい発想、ともいえますが。

世界一危険な山は日本の谷川岳!?

たかが2000メートルと侮るなかれ死と隣り合わせの谷川岳登山

「世界の山のワースト記録」として2012年、ギネスブックに認定されたのが日本の谷川岳（群馬県・新潟県）です。1931年から2012年までの遭難事故による死者は805人で、この時点で世界に14ある8000メートル超の山での遭難死者数の合計を超えています。ただし、2020年6月までの谷川岳での死者数は818人と、この悲しい記録は幸いにも伸び止まりつつあります。ヨーロッパのモンブランでは年間100人もの死者が出ているという噂もあり、ギネス記録が塗り替えられるときがくるかもしれません。

出典：2012年版ギネスブック、英経済誌『エコノミスト』Stairway to heaven

世界の主な山の遭難死者数ランキング TOP10

順位		遭難死者数
1	谷川岳	805人
2	エベレスト	223人
3	K2	81人
4	ダウラギリ	69人
5	ナンガ・パルバット	68人
6	マナスル	65人
7	アンナプルナ	61人
8	チョ・オユー	44人
9	カンチェンジュンガ	40人
10	マカルー	31人

※2012年データ参照、2～10位はすべて8000m峰

ガイチ流ひとくちメモ

日本人初の8000m峰14座完全登頂を達成したのは「プロ登山家」竹内洋岳《ひろたか》さん。職業はたいてい資格が不要で、実績がなくても「○○家」と自称できる。だから覚悟の表明としてプロを名乗る。その素晴らしい考えに賛同し、私も名刺に「プロ講師」と書いています。

第5章

日本が惜しくも世界一ではないランキング

日本の健康寿命は世界2位

病気や怪我によって行動を制限されずにどれだけ健康に長く生きたかで世界2位

日本は2024年のWHOの調査において、「健康寿命」で世界2位になりました。健康寿命とは病気や怪我などの健康上の問題によって制限されることなく、自立して健康的に日常生活を送ることができる期間の平均年齢のことをいいます。つまり、寝たきりになったり、入院したり、介護の手を借りたりせずに、自分だけで健康に生きていられる平均期間のことです。どれだけ健康に長生きできたかを示す指標であり、今後少子高齢化の波が本格的に押し寄せる日本においては重要な指標です。

出典： WHO（世界保健機関）Healthy life expectancy at birth 2024

健康寿命ランキング TOP10

順位		健康寿命
1	シンガポール	73.6歳
2	日本	73.4歳
3	韓国	72.5歳
4	アイスランド	71.4歳
5	ルクセンブルク	71.2歳
	ノルウェー	71.2歳
7	スペイン	71.1歳
	スウェーデン	71.1歳
	スイス	71.1歳
10	イスラエル	70.8歳

世界の豆知識

健康寿命世界1位のシンガポールは、とても健康意識の高い国で、日本と常に1位を争っています。アルコールやタバコの税金が高く、減塩や低糖食品を政府が推進しています。また、糖類添加量の多い飲料の健康レベル情報表示を義務化しています。

日本の薬剤師数は世界2位

人口当たりの薬剤師数では世界一！「医薬分業」で薬剤師と薬局が爆増

経済協力開発機構（OECD）の統計によると、日本はアメリカに次いで2番目に薬剤師の多い国です。厚生労働省によると、薬局数は6万2375施設で、前年度よりも584施設増加しました。日本で薬局や薬剤師の数が増えたのは、処方薬を医師と薬剤師双方がチェックすることで安全性を担保する「医薬分業」を国が進めた結果です。また、欧米には薬剤師が患者や医療従事者に処方薬を出すのを補佐する「テクニシャン」という専門職がいますが、日本にはこの制度がないため、薬剤師の数が多いともいわれています。

出典： OECD、厚生統計要覧（令和5年度）

薬剤師の数ランキング TOP10

順位		薬剤師数
1	アメリカ	33万1700人
2	日本	25万3198人
3	イタリア	8万1618人
4	ドイツ	6万9625人
5	スペイン	6万7667人
6	フランス	6万6575人
7	イギリス	6万1142人
8	カナダ	4万3567人
9	韓国	4万1614人
10	トルコ	3万8981人

※2020～2023年のデータを混合して比較。推定値、暫定値を含む。一部は管理職・研究職の薬剤師を含む

世界の豆知識

アメリカでは薬剤師の社会的地位が高く、年収も高いです。アメリカの薬剤師には予防接種を行うことや処方行為を行う権限もあります。そのため、医療費の高いアメリカでは直接病院に行く人は少なく、薬剤師に相談して薬を買う人が多いそうです。

ＭＲＩ装置保有台数、日本は世界2位

絶対数ではアメリカに大差をつけられるも人口100万人当たりの台数は世界一！

病院の検査機器としてよく耳にするＭＲＩは、体の断面図を撮影することのできる、ドーナツ型の装置です。

日本はＭＲＩ装置の保有台数で世界2位にランクインしていますが、1位のアメリカと比べると5000台以上の差をつけられています。人口や国土の差を考えれば当然ともいえますが、100万人当たりの台数に換算した場合は、逆に日本がアメリカに大差をつけて1位となります。実質的には日本のほうがＭＲＩを利用しやすいといえるでしょう。

出典：OECD

国別MRI保有台数ランキング TOP10

順位		台数
1	アメリカ	1万2610
2	日本	7240
3	ブラジル	3098
4	ドイツ	2927
5	イタリア	1939
6	韓国	1934
7	フランス	1219
8	スペイン	979
9	トルコ	973
10	ポーランド	486

※2020～2023年のデータを混合して比較。推定値、暫定値を含む

ガイチ流ひとくちメモ

31歳の春、岡山県の三菱自動車水島製作所で人間関係に疲れ仮病で休もうとしたとき。検査せえよ、と車で三菱病院に付き添われ、仮病&注射嫌い&閉所恐怖症なのに、造影剤打たれてMRI検査……。出てきた私に副班長「おまえ、来たときよりクタクタやないか！」。名言。

対外純資産で2位に転落した日本

世界4位のGDPになった日本
対外純資産でもドイツに抜かれる

２０２３年、日本は国内総生産（ＧＤＰ）をドイツに抜かれ、世界4位に転落してしまいましたが、それ以外にも転落した数値がありました。それは、対外純資産。対外純資産とは、国が海外に持つ資産から負債を差し引いた額のこと。日本は２０２３年末まで33年間にわたって連続して世界最大の対外純資産額を誇っていましたが、ついに首位から陥落。ＧＤＰで抜かれたのみならず、対外純資産においてもドイツに抜かれてしまった日本は、果たして再び首位に返り咲くことができるのでしょうか。

出典：IMF Data Portal

対外純資産ランキング　TOP10

順位		対外純資産
1	ドイツ	3兆3205億ドル
2	日本	3兆2209億ドル
3	中国	2兆9618億ドル
4	香港（中国）	1兆7969億ドル
5	ノルウェー	1兆6094億ドル

名目GDPランキング　TOP10

順位		名目GDP
1	アメリカ	27兆7207億2500万ドル
2	中国	17兆7580億4600万ドル
3	ドイツ	4兆5270億900万ドル
4	日本	4兆2198億2800万ドル
5	インド	3兆5675億5200万ドル

世界の豆知識

日本の紙幣の偽造防止技術は世界最高水準といわれ、「透《す》かし」や「漉《す》き入れバーパターン」「特殊発光インキ」などの技術が使われています。ちなみにカナダ（カナダドル）やイギリス（ポンド）ではポリマー製の紙幣が導入され、最新の技術が駆使されているそうです。

日本の歯科医師数は世界2位

歯科医の数は全国10万人超えで世界2位
コンビニより歯科医院が多い日本

経済協力開発機構（ＯＥＣＤ）の調査で、日本の歯科医師数はアメリカに次ぐ世界2位であることがわかりました。厚生労働省の最新の医療施設動態調査（２０２３年）によると、全国の歯科医院の数は６万６８１８軒、コンビニの数は５万５６９５店舗（ＪＦＡ／２０２４年）なので、歯科医院はコンビニより多いということになります。日本では小規模な個人開業医が多数を占めており、経営難の歯科医院も大変多いです。歯科医過剰と経営難情報により、近年、私立歯科大学では定員割れ問題も起きています。

出典：OECD

歯科医師の数ランキング TOP10

順位		歯科医師数
1	アメリカ	20万2300人
2	日本	10万3518人
3	コロンビア	8万3361人
4	ドイツ	7万4650人
5	イタリア	5万2559人
6	フランス	4万6253人
7	トルコ	4万2359人
8	ポーランド	3万4911人
9	イギリス	3万3838人
10	スペイン	2万9500人

※2020～2023年のデータを混合して比較。推定値を含む

ガイチ流ひとくちメモ

アメリカ人の歯に対する意識は非常に高く、定期受診率は約70％。日本は約6％です。私も、キレイな歯科助手さんたちに予約変更を告げるたび「もう、困ったちゃんですね」と幼児みたく叱られます……。「お口開けてくださいね」「あーん」というやり取りは結構好きですが。

介護職員数で世界2位の日本だが……

世界2位の介護職員の多さでも全然足りない……
長寿国日本の抱える介護人材不足問題

現在、世界的に医療技術が進歩してきたことにより、介護を必要とする人の絶対数が増えています。特に日本はトップクラスの長寿大国であり、質の高い効率的な介護政策が求められています。ＯＥＣＤの調査によると、日本の介護職員の数は約２４７万人で、世界2位を誇ります。しかし、このままの推移で高齢化が進めば、２０４０年には272万人の介護職員が必要になるといわれています。現時点でも慢性的な人手不足であり、介護職員が安定して働き続けることができる環境整備（特に給与面）が、急務となっています。

出典：OECD

介護職員の数ランキング TOP10

順位		介護職員数
1	アメリカ	251万6224人
2	日本	247万2757人
3	ドイツ	99万9958人
4	スペイン	48万6062人
5	韓国	41万5676人
6	オランダ	28万5000人
7	カナダ	27万357人
8	スウェーデン	24万4004人
9	スイス	13万5830人
10	イスラエル	13万1500人

※2021～2022年のデータを混合して比較。定義の異なるデータ、推定値を含む

世界の豆知識

福祉大国と呼ばれるスウェーデンでは、国が計画的に介護政策を実行しており、在宅介護サービスや訪問ケアサービスが充実しています。デンマークでも特別養護老人ホームのような施設は新規建設が禁止され、在宅介護を重視する方向に転換しています。税金は高いですが。

マンモグラフィー保有台数、日本は世界2位

増加の一途をたどる乳がん死亡数
日本でも啓発活動に努めているが……

マンモグラフィーとは、乳《にゅう》がんの早期発見のために用いられる乳房専用のX線撮影装置のことです。同装置の日本の保有台数は世界2位で、乳がんへの対策意識は高水準にあるといえます。

日本国内では早期発見に向けた啓発活動が積極的に行われていますが、背景には、日本では40年ほど前と比べ、乳がんで亡くなる女性の数が3倍以上に増加しているという事実があります。しかし、検診率は他国と比べて低く、さらなる施策が求められています。

出典：OECD

マンモグラフィー保有台数ランキング TOP10

順位		台数
1	アメリカ	2万4286
2	日本	4261
3	韓国	3702
4	イタリア	2161
5	メキシコ	1195
6	トルコ	973
7	スペイン	801
8	ギリシャ	765
9	カナダ	670
10	オーストラリア	529

※2022～2023年のデータを混合して比較。暫定値を含む

世界の豆知識

経済協力開発機構（OECD）によると、各国の乳がん検診率は、アメリカが76.5%、イギリスが74.2%、オランダやフィンランドが77.1%、韓国が65.9%、オーストラリアが49.5%だそうです。対する日本は44.6%なので、まだまだ意識が低いといえます。

日本の外来受診回数は世界3位

誰でも手軽に受診が可能な日本
健康長寿大国の要因のひとつか

経済協力開発機構（ＯＥＣＤ）の調査によれば、日本における一人当たりの年間外来受診回数は、世界３位の多さです。

１位の韓国と同様、日本は国民皆《かい》保険制度を採用しており、専門医に直接かかることが可能なため、受診のハードルが比較的低く回数が多くなっていると考えられます。それだけ医療費もかさみそうですが、世界と比較しても日本の受診費用は低く、これは病気の早期発見・早期治療のためにも大切なことです。そのかわり、病院は混んでますが……。

出典：OECD

国別一人当たりの年間受診回数ランキング　TOP10

順位		受診回数
1	韓国	17.5
2	オーストリア	12
3	日本	11.7
4	スロバキア	10.9
5	トルコ	10
6	イタリア	9.7
7	ドイツ	9.6
	オランダ	9.6
9	ハンガリー	9.5
10	リトアニア	8.3

※2018～2023年のデータを混合して比較。定義の異なるデータ、推定値を含む

世界の豆知識

韓国の受診回数が世界一である要因としては、国民皆保険制度を採用していること以外に、韓医師の存在があります。彼らが行う生薬の処方や鍼灸《しんきゅう》の施術も医療行為としてカウントされるため、受診回数が多くなると考えられます。

世界最高の国ランキング、日本は2位

前年度6位から2位へ大躍進！
企業家にとって魅力のある国、日本

アメリカの情報誌「USニュース&ワールド・リポート」が発表した2024年の「世界最高の国ランキング」で、日本は2位となりました。スイスが前年に引き続き首位を維持。日本は前年の6位から4つ順位を上げました。「世界最高の国ランキング」は文化的影響力や生活の質、市民の権利、ビジネスの開放度など10項目について評価されます。日本はインフラや教育のレベルが高く、起業家にとって魅力的な国であることを示す「起業家精神」で3位になるなど、多くの項目で高評価を得ました。

出典： 米誌『USニュース&ワールド・リポート』Overall Best Countries Ranking 2024

世界最高の国ランキング TOP10

順位	
1	スイス
2	日本
3	アメリカ
4	カナダ
5	オーストラリア
6	スウェーデン
7	ドイツ
8	イギリス
9	ニュージーランド
10	デンマーク

※10項目の評価基準から総合的に判断された結果

世界の豆知識

「最高の国」に君臨するスイスは、アルプスの名峰と湖、渓谷に囲まれた美しい国です。永世中立国スイスは、移民を労働力として積極的に受け入れており、国民の25%が外国人です。急激な人口増加により、土地不足や交通渋滞などの問題が起きているそうです。

世界の都市総合力ランキング、東京は3位

東京は安定したバランス型の都市
働き方や観光の改革に力を入れて首位を目指す

森記念財団が発表した2024年「世界の都市総合力ランキング」において、世界の主要48都市のうち、首位はロンドンでした。2位はニューヨークで、3位は9年連続で東京という結果になりました。東京は総合力が非常に高い都市ではあるものの、圧倒的に強い分野はなく、逆に極端に弱い分野もないことから、バランス型の都市という評価をされています。東京がトップを目指すには、働き方の柔軟性や魅力ある観光などに力を入れていく必要があるということですね。

出典：森記念財団都市戦略研究所「世界の都市総合力ランキング」（GPCI2024）

世界の都市総合力ランキング TOP10

順位		総合スコア
1	ロンドン	1655.4
2	ニューヨーク	1505.8
3	東京	1445.4
4	パリ	1423.0
5	シンガポール	1291.8
6	ソウル	1193.3
7	アムステルダム	1185.4
8	ドバイ	1177.7
9	ベルリン	1171.5
10	マドリード	1153.2

世界の豆知識

ロンドンもニューヨークも東京も、近年インフレがひどいとはいえ、国民の体感物価は同じくらいだといわれています。しかし、家賃に関しては東京が最も安いようです。地域や物件にもよりますが、東京23区の家賃相場は2ベッドルームの平均で20万円ほどです。

「人間生命指標」で日本は世界2位

寿命による幸福度を測る「人間生命指標」長寿で平等な日本は堂々の2位にランクイン

「人間の幸福度」は目で見ることができないため、世界のさまざまな研究機関が独自の数値で測定する方法を研究してきました。２０１８年、国際応用システム分析研究所（IIASA）の開発した「人間生命指標」（The Human Life Indicator）は、人生の長さで幸福度を表します。測定値の平均値だけでなく、富による寿命の不平等も考慮しているため、国連の「人間開発指数」よりも国民の正確な人生の長さ、幸福度がわかるということです。国連の指数では17位の日本ですが、平等度が高いため、この指標では2位に浮上しています。

出典：国際応用システム分析研究所（IIASA）　The Human Life Indicator

人間生命指標の高い国ランキング TOP10

順位		人間生命指標
1	香港（中国）	81.23
2	日本	80.60
3	アイスランド	80.04
4	シンガポール	79.99
5	スペイン	79.71
6	イタリア	79.50
7	スイス	79.46
8	スウェーデン	79.37
9	ノルウェー	78.99
10	オーストラリア	78.85

世界の豆知識

1997年、香港はイギリスから中国に返還されましたが、現在でも独自の法制度や国境を持ち、表現の自由などの権利も保障されています。しかし、高度な自治が認められるのも2046年まで。少しずつ検閲の圧力が増し自由が減っていることから、激しいデモも起こっています。

悲惨でない＝幸福な国　日本は2位

〝悲惨さ〟の低さは世界2位
不況続きでも世界的にはかなりマシな日本

「悲惨指数（Misery Index、ミザリー・インデックス）」は、1960年代、アメリカの経済学者アーサー・オークンが当時のジョンソン米大統領に世界の経済情勢を説明するために考案したものです。現在の悲惨指数は、失業率を2倍にした数値とインフレ率、銀行の貸出金利を足し、そこから一人当たり実質国内総生産（実質GDP）の変動率を差し引いた数値となっています。

2023年の「悲惨指数ランキング」において調査対象となった157カ国のうち、日本は下から2番目、つまり、幸福な国の2位となりました。

出典：The 2023 Hanke's Annual Misery Index

悲惨指数の低い国ランキング TOP10

順位		悲惨指数
1	タイ	6.6
2	日本	7.0
3	スイス	8.7
4	カタール	9.3
5	マルタ	9.5
6	中国	9.8
7	コートジボワール	11.0
8	台湾	11.2
9	トーゴ	11.2
10	オランダ	11.9

世界の豆知識

世界悲惨指数1位の国はアルゼンチンです。悲惨指数は321.8で、アルゼンチンだけが300を超えています。主な要因はハイパーインフレ。2022年にアメリカの連邦準備制度理事会（FRB）が利上げをしたため、2024年3月にはインフレ率が280%台に到達しました。

国の経常収支ランキング、日本は3位

貿易黒字は世界3位
企業の努力で国全体を押し上げる

アメリカ中央情報局（CIA）のワールド・ファクトブックによると、経常収支ランキングのトップはドイツで、3位が日本です（2023年推定値）。経常収支とは、海外とのモノやサービスのやり取りを通して受け取ったお金と支払ったお金の差額のことです。日本は巨額の借金を抱えているはずなのに、なぜ経常収支は黒字なのかというと、「日本政府は赤字だが、日本の民間部門は大幅な黒字を出しており、日本国としては黒字」だからです。ちなみにワースト1位はアメリカで、8188億ドルの赤字となっています。

出典：CIA　The World Factbook

国の経常収支ランキング TOP10

順位		経常収支
1	ドイツ	2627億ドル
2	中国	2529億ドル
3	日本	1506億ドル
4	オランダ	1129億ドル
5	シンガポール	991億ドル
6	ノルウェー	863億ドル
7	スイス	678億ドル
8	台湾	651億ドル
9	イラク	580億ドル
10	アイルランド	539億ドル

※台湾は2019年、イラクは2022年のデータ

ガイチ流ひとくちメモ

経常収支が黒字だからといって喜んでばかりはいられません。１位のドイツは輸出依存度が高すぎるせいで自動車産業の不調がダイレクトに響き、景気が後退しています。日本も他人事ではなく、内需拡大や国内投資をもっと行っていく必要があります。

日本の国際特許出願件数は世界3位

発明の世界で今アジアが熱い！日本は惜しくも3位

国連の専門機関である世界知的所有権機関（ＷＩＰＯ）が公表した２０２３年の国際特許出願件数は、４年間連続で増加を続けており、過去最高を更新し続けています。日本は41万４４１３件で世界3位です。通信や人工知能（ＡＩ）関連などで順調な中国がアメリカに大差をつけ、世界一となっています。企業別では中国のファーウェイが1位で、日本の三菱電機が4位にランクイン。アジアが国際特許出願数の約半数を占めており、欧米各国を圧倒しています。

出典：WIPO IP Facts and Figures 2024

国際特許出願件数ランキング TOP10

順位		出願件数
1	中国	164万2507件
2	アメリカ	51万8364件
3	日本	41万4413件
4	韓国	28万7954件
5	ドイツ	13万3053件
6	インド	6万4480件
7	フランス	5万2582件
8	イギリス	4万8227件
9	スイス	4万1876件
10	イタリア	2万6818件

世界の豆知識

アメリカの『TIME』誌が選ぶ「2023年のベスト発明100」では、日本製品がいくつか選ばれています。たとえばソニーのミラーレス一眼カメラ「FX3」や、ホンダの折りたたみ電動バイク「モトコンパクト」などです。

日本の外貨準備高は世界2位

これだけあればいざというときも大丈夫?
世界トップクラスの日本の外貨準備高

外貨準備高とは、各国の中央銀行（日本なら日本銀行）あるいは中央政府等の金融・政府当局が保有している外貨の量のことで、対外債務（外国に対する借金）の返済、輸入代金の決済のほか、自国通貨の為替レートの急変動を防ぎ、貿易等の国際取引を円滑にするために利用されています。

日本の外貨準備高は約1兆2946億ドルで世界2位を維持しており、これは日本経済が輸出によって支えられてきたことから、それによって稼がれた外貨が積み重なった結果といわれています。

出典：World Bank Data Indicators

外貨準備高ランキング TOP10

順位		外貨準備高
1	中国	3兆4495億ドル
2	日本	1兆2946億ドル
3	スイス	8638億ドル
4	アメリカ	7734億ドル
5	インド	6277億ドル
6	ロシア	5972億ドル
7	サウジアラビア	4579億ドル
8	香港（中国）	4255億ドル
9	韓国	4209億ドル
10	シンガポール	3598億ドル

※2023年のデータを参照

世界の豆知識

日本の外貨準備高のほとんどは外国証券で、さらにその大半はアメリカ財務省証券（米国債）といわれています。外貨準備高世界1位の中国も同様で、しばしば両国とアメリカの経済関係を語る際、外貨準備高の問題が取り沙汰されます。

日本の超富裕層人口は世界4位

超富裕層は全世界で3810万人
アメリカ人がダントツで金持ち！

富裕層向けのデータ・リサーチ会社、アルトラタ社がまとめた報告書によると、100万ドル（約1億4000万円）以上の資産を持つ人は、全世界で3810万人おり、そのうち総資産が3000万ドル（約45億3634万円）を超える「超富裕層」の人々が42万6330人いるとのことです。

そして、この超富裕層の人々がどの国にどれだけ存在しているかのランキングにおいて、日本は第4位でした。日本には1万6565人の超富裕層が存在しているそうです。

出典：Altrata社／World Ultra Wealth 2024

超富裕層（金融資産3000万ドル超）人口ランキング　TOP10

順位		人数
1	アメリカ	14万7950人
2	中国	4万6060人
3	ドイツ	2万2210人
4	日本	1万6565人
5	イギリス	1万5640人
6	フランス	1万3655人
7	カナダ	1万3330人
8	香港（中国）	1万2545人
9	イタリア	1万0480人
10	インド	9540人

世界の豆知識

スイスは、成人一人当たりの純資産が世界一で、最も裕福な国ともいわれます。しかし、BCG（ボストン・コンサルティング・グループ）のレポートによれば、「過去1世紀にわたり富の不平等の大きな是正が見られなかったのはスイスだけ」だそうです。

日本の生命保険市場規模は世界3位

世界を代表する生命保険大国・日本
現在は医療・がん保険が主力に

世界的に有名な再保険会社であるSwiss Re社が発行する機関誌「sigma NO.3／2024」によれば、2023年の世界の生命保険の収入保険料は約2兆8889億ドルで、日本は全体の9・6％に当たる約2771億ドルを占めています。

日本では、平成初期（1990年代前半）ごろまで終身保険・定期保険・養老保険などのいわゆる「第一分野」が主力商品でしたが、現在は医療保険やがん保険などの「第三分野」が伸びてきています。

出典：Swiss Re社「sigma NO.3／2024」

生命保険の収入保険料ランキング TOP10

順位		収入保険料（米ドル）
1	アメリカ	7148億ドル
2	中国	3904億ドル
3	日本	2771億ドル
4	イギリス	2369億ドル
5	フランス	1700億ドル
6	イタリア	1105億ドル
7	インド	1001億ドル
8	ドイツ	933億ドル
9	韓国	843億ドル
10	カナダ	703億ドル

※2023年のデータを参照

世界の豆知識

日本は生命保険市場だけでなく、損害保険市場の規模も世界10位に入ります。Swiss Re社の「sigma NO.3／2024」によれば、日本は8位にランクイン。アメリカ以外の国は世界シェアの10％以下で、アメリカだけで世界全体の半分以上のシェアを占めています。

日本の音楽市場規模は世界2位

音楽業界は売り上げ4年連続アップ
近年は音楽ストリーミングが主流に

国際レコード産業連盟（ＩＦＰＩ）が毎年発表している、グローバル音楽市場の動向をまとめた最新レポート「Global Music Report」の２０２４年版によると、日本の音楽市場規模はアメリカに次ぐ世界2位とされています。

近年、世界の音楽市場を牽引しているのは、いわゆるサブスクリプション（定額配信）形式の音楽配信サービスであり、利用者は定額を払うことで何万もの曲を聴くことが可能になります。ネットが広く普及した現代だからこそ可能なビジネスモデルといえるでしょう。

出典： IFPI Global Music Report 2024

国別の音楽市場売り上げランキング TOP10

順位	
1	アメリカ
2	日本
3	イギリス
4	ドイツ
5	中国
6	フランス
7	韓国
8	カナダ
9	ブラジル
10	オーストラリア

※2023年データを参照

世界の豆知識

５位にランクインした中国は、前年比で25.9％も増加するなど急成長を見せており、今後の市場規模拡大に世界が注目しています。このほか、中南米や韓国などのアジア地域も、音楽業界にとって重要な地域に位置付けられています。

日本の駆逐艦（護衛艦）数は世界3位

海防においては世界トップクラスの日本
経済的な観点でも高い評価を得る

世界の軍事力をあらゆる分野ごとにランキング化しているアメリカの評価専門機関「Global Firepower（GFP）」によると、日本が保持している駆逐艦（護衛艦）の数はアメリカ、中国に次ぐ世界3位。周囲を海に囲まれた島国という環境を考えれば、これは当然の結果ともいえます。

日本は護衛艦だけでなく、多数の航空機やヘリコプターも保有していることから、総合的なランキングでは、145カ国中7位にランクインしています。ただ、国内的には自衛隊は「軍隊」ではないはず……？

出典：Global Firepower 2024

駆逐艦数ランキング TOP10

順位		駆逐艦数
1	アメリカ	75
2	中国	49
3	日本	36
4	ロシア	14
5	韓国	13
6	インド	12
7	フランス	10
8	イギリス	6
9	メキシコ	5
10	アルゼンチン	4

ガイチ流ひとくちメモ

日本ではメジャーな「護衛艦」という呼称ですが、世界基準に当てはめれば、これらの艦は駆逐艦や空母、フリゲート艦といった種類に分類されます。日本はあくまで自衛の手段としてこれらの戦力（実力？）を保持しているため、独自の呼称が用いられているのです。

第6章

日本が世界一ではない!?　その他の世界ランキング

世界の労働時間、日本は34カ国中22位

上位は休日の少ない中南米
日本の労働時間は平均以下？

日本人は働きすぎているイメージですが、経済協力開発機構（OECD）の調査した34カ国中、日本の労働時間は22位と平均よりも下でした。雇われ社長など給与所得のある雇用者や自営業者も含まれるほか、サービス残業など無償労働も含めた数値となっています。1位のメキシコをはじめ、上位に中南米の国が入っているのを意外に思うかもしれませんが、これらの国はそもそも休日が少ないという理由もあるようです。旧共産圏以外のヨーロッパ各国は、総じて短時間労働となっています。

出典：経済協力開発機構（OECD）統計2023

世界の労働時間ランキング TOP10

順位		1年当たりの労働時間
1	メキシコ	2207
2	コスタリカ	2171
3	チリ	1953
4	ギリシャ	1897
5	イスラエル	1880
6	韓国	1872
7	カナダ	1865
8	ポーランド	1803
9	アメリカ	1799
10	チェコ	1766

ガイチ流ひとくちメモ

　このデータには明確に働いている以外の時間（通勤時間や決められた休憩時間、自宅での仕事の準備など）は含まれていないため、これらを加味した場合、日本はもっと上位にくるかもしれません。いや、確実にきますね。日本人はこれらの時間が長いですから。

自動車生産台数世界一は中国

自動車大国・日本も過去の栄光
いずれは日本国内を中国車が走る？

日本の自動車生産台数がアメリカを抜いて世界一になったのは、今から40年以上前の１９８０年のこと。しかし、それはもう昔の話で、現在、自動車生産台数でダントツの世界一に君臨しているのは中国です。中国車は品質向上により国内シェアを拡大していて、中国国外への輸出も伸ばしているようです。日本ではほぼ見ることはありませんが、近年では新規の中国独立系自動車メーカーも技術力を高めていて、遠くない将来には日本市場にまで流入してくるかもしれません。世界一のトヨタはさておき……むむ。

出典： JETRO 主要国の自動車生産・販売動向 2023年

世界自動車生産台数ランキング TOP10

順位		生産台数
1	中国	3016万966台
2	アメリカ	1061万1555台
3	日本	899万7440台
4	インド	585万1507台
5	韓国	424万3597台
6	ドイツ	410万9371台
7	メキシコ	400万2047台
8	スペイン	245万1221台
9	ブラジル	232万4838台
10	タイ	184万1663台

世界の豆知識

中国の自動車生産は21世紀に入ってから大幅に増え始め、2009年に世界1位となります。2018年度には全世界の自動車生産台数のうちの約4分の1を、中国生産車が占めるまでになりました。さすがGDP世界2位の「世界の工場」。GDP首位のアメリカにとっても脅威です。

自動運転の開発投資　日本はトヨタの4位が最高

IT系企業が先行するなかトヨタも4位と健闘

「The Information」は、テクノロジー業界のインサイダー情報を伝える課金型メディアで、近年注目度が高まっています。トップ10に並ぶ企業のほとんどは「自動運転技術開発」のために立ち上げられたスタートアップ企業であり、当然ここに豊富な資金を投入しているわけで、10位のオーロラにはアマゾンも出資しています。そんな状況にあって純自動車メーカーとして4位につけるトヨタ自動車は、かなり先進的な企業といえそうです。自動運転の実用化が現実的になってきた今、トヨタの先行投資が実を結ぶか注目です。

出典： 米テクノロジーメディア「The Information」の計算データ

2019年までに投じた
自動運転技術開発費ランキング　TOP10

順位		投資額推計
1	ウェイモ（グーグル系列）	約35億ドル
2	クルーズ（米GM系列）	約30億ドル
3	ウーバー・テクノロジーズ	約20億ドル
4	百度《バイドゥ》	約15億ドル
	トヨタ自動車	約15億ドル
6	アルゴ+フォード	約10億ドル
	アップル	約10億ドル
8	アプティブ（米自動車部品メーカー）	約7・5億ドル
9	ズークス（自動運転開発企業）	約5億ドル
10	オーロラ（自動運転開発企業）	約2億ドル

世界の豆知識

1位のウェイモは、すでに自動運転タクシーの商用化に成功。百度はインターネット検索の大手ですが、自動運転開発は中国政府も積極的に支援しています。将来、自動車業界がＩＴ系企業の子会社になる日がくるかもしれません。冗談ではなく。

世界最速の市販車はアメリカ製

アメリカのスーパーカーは500キロ超え？ 日本最速はレクサスＬＦＡ

市販車の開発といえば日本のお家芸といったイメージですが、実は世界最速の市販車は、日本でもイタリアでもなく、アメリカのシェルビースーパーカーズから販売されています。同社が販売するトゥアタラの最高速度は、市販車としては最速の時速532キロ。なお、市販車以外のテスト車にトゥアタラ以上のスピードを誇るクルマもいくつか存在しています。日本最速は「究極の国産スポーツカー」を目標に開発されたトヨタのレクサスＬＦＡで、最高速度は325キロ。1978年の童夢《どうむ》‐零《ゼロ》は幻でしたね……。

出典：カタログスペックを基に算定

世界一速い市販車ランキング TOP10

順位		最高速度
1	シェルビースーパーカーズ トゥアタラ（アメリカ）	532km/h
2	ブガッティ シロン スーパースポーツ（イタリア）	490km/h
3	ケーニグセグ アゲーラRS（スウェーデン）	447km/h
4	ヘネシー ヴェノムGT（アメリカ）	435km/h
5	ブガッティ ヴェイロン 16.4 スーパースポーツ（イタリア）	431km/h
6	シェルビースーパーカーズ アルティメット エアロ（アメリカ）	412km/h
7	9ff GT9-R（ドイツ）	409km/h
8	サリーン S7 ツインターボ（アメリカ）	399km/h
9	マクラーレン F1（イギリス）	386km/h
10	パガーニ ウアイラ（イタリア）	370km/h

ガイチ流ひとくちメモ

2019年に東海道新幹線の新型車両が記録した最高速度が362km/h。通常運行での最高速度は東北新幹線「こまち」「はやぶさ」の320km/hで、これと比較すれば上位にランクされたクルマのスピードがいかほどのものか想像できるでしょう。まさにスーパーカー！

世界一の渋滞都市はアイルランドにあった

日本で最も渋滞する都市は東京渋滞レベルは世界95位

オランダの位置情報テクノロジー企業トムトム社は、渋滞に関する客観的な統計資料として、世界55カ国387都市における交通状況を「渋滞レベル」として数値化。交通渋滞で余分にかかった時間を%で表しています。渋滞なく法定速度でクルマが走れば1時間で済むところを1時間30分かかれば「50%」ということになります。最も渋滞する都市とされたのはアイルランドの首都ダブリンで66%。日本の都市では最高位の東京が35%で95位でした。大阪は35%で96位、名古屋は34%で104位になっています。

出典：トムトム社「2023年度トムトム・トラフィック・インデックス」

世界の都市の渋滞レベルランキング TOP10

順位		渋滞レベル
1	ダブリン（アイルランド）	66%
2	バンガロール（インド）	63%
3	メキシコ・シティ（メキシコ）	63%
4	バンコク（タイ）	62%
5	リマ（ペルー）	61%
6	プネー（インド）	57%
7	ブカレスト（ルーマニア）	55%
8	ジャカルタ（インドネシア）	53%
9	イスタンブール（トルコ）	53%
10	ロサンゼルス（アメリカ）	53%

ガイチ流ひとくちメモ

私はリスクとコストが価値観に見合わず運転しようと思ったことがないのですが、自動車工場に一時勤めたくらいクルマは好き。人に乗せてもらってばかりなので、すっかり左ハンドルの外車目線に。日本は敗戦後も、アメリカ式の右側通行に切り替えなかったんですよね。

世界には日本以上の混雑列車が存在する

グーグルユーザー情報を集計
混雑路線トップ3は南米が独占

グーグルマップの2019年からの新機能では、世界200あまりの都市で公共交通機関の混雑状況をチェックできるようになりました。これはユーザーから寄せられたラッシュアワー（午前6時～10時）の混雑情報を分析してまとめたもので、2019年に発表された世界の主要路線の混雑度ランキングは、2018年10月～2019年6月にかけての情報から作成されています。1位～4位はいずれも南米の路線で、日本ではJR中央線が7位に、日暮里《にっぽり》・舎人《とねり》ライナーが9位にランクインしました。

出典：グーグル社2019年発表

世界の混雑路線ランキング TOP10

順位	
1	アルゼンチン・ブエノスアイレス ウルキサ線
2	ブラジル・サンパウロ　11号線
3	アルゼンチン・ブエノスアイレス　A線
4	ブラジル・サンパウロ　8号線
5	フランス・パリ　13号線
6	アルゼンチン・ブエノスアイレス　C線
7	日本・東京　JR中央線
8	ブラジル・サンパウロ　9号線
9	日本・東京　日暮里・舎人ライナー
10	アメリカ・ニューヨーク　L線

ガイチ流ひとくちメモ

私は京都出身ですが、東京のラッシュは衝撃でした。忘れもしない学習院大の入試日、ホテルのあった山手線池袋駅から乗り、目白駅で「お、降りまふ」と喘ぐも降りられず、次の高田馬場駅で吐き出され遅刻しました。骨折するかと思った……。え、結果？　聞かないで（涙）。

世界の自殺率ランキング、日本は25位

東アジアでは韓国に次ぐ2位
G7各国の中でも2位

世界保健機関（WHO）が発表する自殺率とは、各国の人口10万人当たりの年間自殺者数を表すもので、ここでは男女を合わせて算出した数値を参照しています。

人口の少ない小国は数値が大きくなりやすく、ランキングには、あまり馴染みのない国名が見受けられます。日本は全体の25位で、近年、自殺者数も自殺率も減少傾向にあるものの、東アジア地域では韓国に次ぐ2位、G7（米・英・仏・独・伊・加・日）の中でアメリカに次ぐ2位となっています。

出典：世界保健機関（WHO）による2019年度の統計

世界の自殺率ランキング TOP10

順位		10万人当たりの年間自殺者数
1	レソト	72.4人
2	ガイアナ	40.3人
3	エスワティニ	29.4人
4	韓国	28.6人
5	キリバス	28.3人
6	ミクロネシア連邦	28.2人
7	リトアニア	26.1人
8	スリナム	25.4人
9	ロシア	25.1人
10	南アフリカ	23.5人

※基準の異なる各国の発表による

世界の豆知識

旧ソ連で自殺が多い理由のひとつには、寒さ対策での過度のウォッカ飲酒習慣があります。自殺者の3分の1は直前に飲酒していたとのデータもあります。韓国は、日本以上の厳しい学歴社会や、軍隊式の滅私奉公的な思想など、精神を追い詰める要素が多い社会といえます。

医療の質ランキング、日本は全体12位も……

小国ほど高評価の中で日本は実質トップレベル

『ランセット』は〝世界5大医学雑誌〟のひとつにも数えられるオランダの専門誌で、世界195カ国において保健医療の質の高さやアクセスの容易さを調査。これらを集計したものを医療の質として得点化し、各国の順位付けをしています。1位のアイスランドは人口約38万人の北ヨーロッパの小国で、12位の日本は人口1億2000万人強。一般的には人口が多いほど一人ひとりに質の高い保健医療サービスは行き渡りにくいと考えられ、そうしてみると、日本の医療レベルは世界トップクラスといえそうです。

出典： ランセット「ヘルスケア・アクセス・アンド・クオリティー・インデックス」2016年版

各国の医療制度ランキング TOP10

順位		総合スコア
1	アイスランド	97
2	ノルウェー	97
3	オランダ	96
4	ルクセンブルク	96
5	オーストラリア	96
6	フィンランド	96
7	スイス	96
8	スウェーデン	95
9	イタリア	95
10	アンドラ	95

ガイチ流ひとくちメモ

日本の医療体制はトータルでは世界最高レベルにあり、他国からの入院ツアーも組まれるほどです。しかし一方で高齢者や富裕層にばかり手厚いことから、若年層や貧困層からは「満足していない」という意見も聞かれます。正論すぎて何も言えませんね……。

世界で最も「健康な国」はスペイン？

地中海沿岸＝健康的
日本も４位と大健闘

調査は１６９の国を対象に実施されたもので、平均寿命や公衆衛生、きれいな飲料水といった環境要因、医療や食生活など多岐にわたる項目から独自にスコアを算出。喫煙者や肥満者の比率といったリスク要因を減点した上でランキング化されています。１位のスペイン、２位のイタリアや10位のイスラエルなど地中海に面した国は、温暖な気候やオリーブオイル、魚介類が豊富な地中海食に対するポイントが高く、日本も食の高評価が上位評価の一因となりました。アイスランドなんて、極寒なのにスゴいですね。

出典： Bloomberg Global Health Index 2019

健康な国指数ランキング TOP10

順位		指数
1	スペイン	92.75
2	イタリア	91.59
3	アイスランド	91.44
4	日本	91.38
5	スイス	90.93
6	スウェーデン	90.24
7	オーストラリア	89.75
8	シンガポール	89.29
9	ノルウェー	89.09
10	イスラエル	88.15

ガイチ流ひとくちメモ

ブルームバーグの調査で1位となったスペインに対しては「2040年までに世界最長寿国になる」との評価もあります。もっとも、別の調査でスペインはベスト10外だったりもするので、あまり鵜呑みにはできないのかもしれません。社会調査は内容・方法によって違いが出ますね。

世界平和度指数、日本は17位

世界17位でもG7内ではカナダに次ぐ2位

これは国際的シンクタンクの「IEP」が、163の国や地域を対象とし、世界人口の99・7%をカバーするという調査で、「国内と国際間の紛争」「社会の安全と治安状態」「気候変動のリスク」など23項目を指数にして評価したものです。不安要素が多いと指数は上がります。治安維持の容易な小国ほど評価は高くなり、軍事力の大きい国ほど低評価となりがちな傾向にあります。日本は全体の17位とはいえ、先進7カ国（G7）の中では11位のカナダに次ぐ2位ですから、比較的高い評価がなされているといえるでしょう。

出典：経済平和研究所（IEP＝Institute for Economics and Peace）2024年度報告

世界平和度指数ランキング TOP10

順位		指数
1	アイスランド	1.112
2	アイルランド	1.303
3	オーストリア	1.313
4	ニュージーランド	1.323
5	シンガポール	1.339
6	スイス	1.350
7	ポルトガル	1.372
8	デンマーク	1.382
9	スロヴェニア	1.395
10	マレーシア	1.427

ガイチ流ひとくちメモ

世界平和度指数の発案者はオーストラリアのＩＴ起業家スティーヴ・キレリア氏で、イギリスの週刊新聞社「エコノミスト」の調査部門が中心になってデータをまとめています。しかし、殺人や暴力以外の犯罪、女性や子どもへの暴力は調査対象外だそうです。何だそれ……。

世界強大国ランキング、日本は8位

経済＋政治＋軍事＝最強度 ダントツの1位はアメリカ

ＵＳニューズ＆ワールドレポートが発表した「２０２４年　世界の強大国ランキング」は、ＢＡＶとペンシルバニア大学ウォートン校の合同分析で作成されたもの。「経済的影響力」「政治的影響力」「軍事力」「世界の中での指導力」「国際同盟への参加」「指導者」などを評価して、主要国をランク付けしています。世界36カ国の政財界の専門家や一般人へのアンケートをもとにしており、日本は経済的影響力では高評価を得たものの、軍事力では低評価。核兵器の有無や自衛隊の立ち位置を考えれば、やむを得ないでしょう。

出典：ＵＳニューズ＆ワールドレポート発表2024

強大国ランキング TOP10

順位	
1	アメリカ
2	中国
3	ロシア
4	イギリス
5	ドイツ
6	韓国
7	フランス
8	日本
9	サウジアラビア
10	イスラエル

ガイチ流ひとくちメモ

BAV(Brand Asset Valuator)とは、アメリカ大手広告代理店ヤング&ルビカム社が1993年より実施している同社オリジナルの全世界を対象とした調査で、企業ブランド価値なども対象としています。データ関連のいろんなビジネスチャンスがあるんですね。あ、この本もそうかも。

日本の国際競争力は大幅下落？

中国・韓国を下回る世界38位 別の調査では世界6位の評価も

これはスイスのビジネススクールＩＭＤが世界67の国や地域を対象に行った調査によるもので「経済のパフォーマンス」「政府の効率性」「ビジネスの効率性」「インフラ」を判断の基準としています。日本は１９８９年から４年連続で同ランキング世界1位を記録しましたが、近年は35位前後で推移しています。２０２４年は前年よりも３つランクを落とした38位で、台湾８位、中国14位、韓国20位を下回っています。ただし世界経済フォーラム（ＷＥＦ）の２０１９年度調査では、日本の競争力は世界６位とされています。

出典： ビジネススクールIMD発表2024

国際競争力ランキング TOP10

順位	
1	シンガポール
2	スイス
3	デンマーク
4	アイルランド
5	香港（中国）
6	スウェーデン
7	アラブ首長国連邦
8	台湾
9	オランダ
10	ノルウェー

ガイチ流ひとくちメモ

　この順位付けは「日本の経営者へのアンケート調査」が反映されたもので、実際の競争力はさておき、日本の企業家たちの自己反省が低評価に結び付いたものだともいえそうです。「能ある鷹は爪を隠す」というか、後ろに引いてる最中のチョロQというか、何とかするでしょう。

世界に良い影響を与えている国1位はカナダ

日本は2014年の5位から3位へランクアップ

調査方法は、19カ国1万8000人を対象にして、16の国とEUについて「肯定的」か「否定的」かを質問するというもの。実際の影響力の有無というよりは、一般の人々のそれぞれの国に対する好感度調査といったほうが近いです。調査期間は2016年12月~2017年4月。日本は前回2014年の調査と比べてポジティブ評価が49%↓56%に上がり、ネガティブ評価は30%↓24%に下がっており、上下幅ともに調査対象国中の最高となりました。東京電力福島第一原発事故のイメージが薄れた影響もありそうです。

出典：イギリスBBC世界世論調査2017

世界に良い影響を与えている国ランキング TOP10

順位		ポジティブ評価	ネガティブ評価
1	カナダ	61%	15%
2	ドイツ	59%	21%
3	日本	56%	24%
4	フランス	52%	23%
5	イギリス	51%	25%
6	EU	48%	30%
7	中国	41%	42%
8	ブラジル	38%	30%
9	韓国	37%	36%
10	インド	37%	39%

世界の豆知識

2017年度は韓国が調査対象国に含まれておらず、そのために日本に対するネガティブ評価の割合が下がったとの見方もあるようです。なお、最下位はイランで、ポジティブ評価15%に対してネガティブ評価は61%でした。アメリカがランクインしていないのも皮肉ですね。

日本での働きやすさは53カ国中37位

日本は外国人にとってはあまり働きやすい国ではない

インターネーションズ（InterNations）は、世界の４２０都市にコミュニティを持つ海外駐在者の交流を目的に２００７年に設立された組織で、５４０万人の会員の一部にアンケートをとり、外国人にとって生活しやすい国とそうでない国のランキングを作成しています。２０２４年版の日本は53カ国中37位と、先進7カ国（G７）の中では35位のアメリカに次ぐポジションです。意外にも、カナダが地域経済の悪化で「生活の質」や「定住のしやすさ」の評価を落とし、前年27位から49位にダウンしています。

出典： インターネーションズ／The Best and Worst Destinations for Expats in 2024

各国駐在者が働きたい国ランキング TOP10

順位	
1	パナマ
2	メキシコ
3	インドネシア
4	スペイン
5	コロンビア
6	タイ
7	ブラジル
8	ベトナム
9	フィリピン
10	アラブ首長国連邦

世界の豆知識

働きたい国1位のパナマは中米に位置し、コスタリカとコロンビアの間にあります。タックスヘイブン（租税回避地）のひとつとして知られ、中米唯一の高所得国です。インターネーションズの調査では、パナマに駐在している人の82%が生活に満足していると答えました。

日本の旅行・観光競争力はアジア1位、世界3位

際立ったところはないが全体的に高評価を得る

世界経済フォーラム（ＷＥＦ）が隔年で発表している旅行と観光産業に関する調査では、各種統計データと世界各国の企業トップへのアンケートから、世界１４０カ国の「旅行・観光競争力」をランキング化しています。大きくは「事業環境・社会環境整備」「観光政策・条件整備」「交通・観光インフラ」「自然・文化観光資源」「持続可能性」の5項目について調べたもので、２０２４年版では日本は3位となっています。全項目で安定して上位にランクされ、8位の中国を抑えて、アジアで1位となりました。

出典： 世界経済フォーラム発表　2024年版

旅行・観光競争力ランキング TOP10

順位		平均値との差
1	アメリカ	+32.3%
2	スペイン	+30.6%
3	日本	+28.5%
4	フランス	+28%
5	オーストラリア	+26%
6	ドイツ	+26%
7	イギリス	+25.2%
8	中国	+24.6%
9	イタリア	+23.5%
10	スイス	+21.3%

ガイチ流ひとくちメモ

旅行にかかる費用低下などもあって、全体的に観光は底上げ傾向にありますが、これにより上位国では観光客が対応しきれないほどに訪れる、いわゆるオーバーツーリズムも問題となりつつあるようです。特にインバウンド大国の日本では……ホントに。

世界大学ランキング、東京大学の順位は？

世界各国の上位1503校のうち日本は49校がランクイン

イギリスの大学評価機関クアクアレリ・シモンズ（QS）社が毎年9月に公表する「世界大学ランキング」は、世界で最も知名度と権威のあるもののひとつです。調査項目は大きく分けて「各国学者による評価」「雇用者の評価」「学生一人あたり教員比率」「教員一人あたり論文引用数」「外国人教員比率」「留学生比率」の6つ。日本の大学で最高位となった東京大学は「学者による評価」こそ満点だったものの、ほかの指数が伸び悩み、全体では32位（総合スコア82・1）でした。こうした傾向は日本の他大学にも見られます。

出典：クアクアレリ・シモンズ社「世界大学ランキング2025」

世界大学ランキング TOP10

順位		総合スコア
1	マサチューセッツ工科大学（アメリカ）	100
2	インペリアル・カレッジ・ロンドン（イギリス）	98.5
3	オックスフォード大学（イギリス）	96.9
4	ハーバード大学（アメリカ）	96.8
5	ケンブリッジ大学（イギリス）	96.7
6	スタンフォード大学（アメリカ）	96.1
7	スイス連邦工科大学チューリッヒ校（スイス）	93.9
8	シンガポール国立大学（シンガポール）	93.7
9	ユニバーシティ・カレッジ・ロンドン（イギリス）	91.6
10	カリフォルニア工科大学（アメリカ）	90.9

ガイチ流ひとくちメモ

私は受験指導を35年近くしていますが、東大はぶっちぎりで難しいです。文系では次が京大と一橋、その次が大阪大。早稲田・慶應やその他の旧帝大、神戸大が続き、上智大や筑波大、国際教養大なども難関です。また、21世紀以降の医学部の難化ぶりには驚きます。

日本の年金制度は世界的にも低評価

海外から厳しい評価を受ける日本の年金制度 西洋諸国に比べ東アジア諸国は総じて低評価

アメリカのコンサルティング会社マーサーがまとめた各国の年金制度を比較するレポート内での日本の順位は、48の国と地域のうち36位（総合スコア54・9）。東アジアは中国が31位、韓国が41位と押し並べて低評価です。

調査は「十分性」「持続性」「健全性」に関連する50以上の項目において各国の年金事情を比較したもので、日本はその中でも「持続性」の部分を問題視されています。とはいえ1位のオランダは、手厚い年金制度を持続するために現役世代の負担も大きくなっていますが。

出典： 米国コンサルティング会社・マーサーによる年次調査報告2024年版

年金制度の国際ランキング TOP10

順位		総合スコア
1	オランダ	84.8
2	アイスランド	83.4
3	デンマーク	81.6
4	イスラエル	80.2
5	シンガポール	78.7
6	オーストラリア	76.7
7	フィンランド	75.9
8	ノルウェー	75.2
9	チリ	74.9
10	スウェーデン	74.3

ガイチ流ひとくちメモ

「社会保障」は、公的扶助、社会保険、社会福祉、公衆衛生の4本柱で、年金は社会保険の一部です。社会保険は、医療保険、年金保険、雇用保険、労災保険、介護保険の5つ。高齢化と格差拡大の進む日本は、社会保障費が歳出の約34%を占め、最大の割合となっています。

企業ブランド価値世界一はアップル

国内トップのトヨタも66位と苦戦
日本企業は少なく順位は下降気味

世界最大級の広告代理店グループＷＰＰの調査・コンサルティング部門であるカンターが発表した、２０２４年の世界ブランド価値ランキング。これは同社の消費者調査に基づいて測定されたブランド資産と、企業の財務実績・業績分析を組み合わせて作成されたもので、上位にはアップルを筆頭に「ＧＡＦＡＭ《ガーファム》」のアメリカ５企業などが当然のようにランクイン。日本企業はというと、トヨタ自動車の66位が最高。ほかにトップ１００入りしたのは87位のＮＴＴと89位のソニーだけです。

出典： カンター2024年度調査レポート

世界企業ブランド価値ランキング TOP10

順位		ブランド価値
1	アップル	84.8
2	グーグル	83.4
3	マイクロソフト	81.6
4	アマゾン	80.2
5	マクドナルド	78.7
6	エヌビディア	76.7
7	ビザ	75.9
8	フェイスブック	75.2
9	オラクル	74.9
10	テンセント	74.3

ガイチ流ひとくちメモ

かつては100位以内だったホンダや日産、任天堂がランク外になるなど、日本の代表的な企業の低迷が目立つなか、頑張っているのがSONY。89位ではあるものの、2023年より順位を10位上げ、ブランド価値も2023年より21%増えています。

失業率の高さランキング、日本は136位

日本の失業率の低さは先進国トップクラス

国際労働機関（ＩＬＯ）のモデル推計によって、世界156の国と地域における2022年度の完全失業率がランキング化されています。ここでいう失業率とは、完全失業者を労働力人口で割り算したもので、1位のエスワティニでは、労働人口100人当たり約31人が失業状態にあたります。

日本の順位は全体の136位、失業率2・6％で先進国でも随一の低さを誇り、アメリカの3・7％やドイツの3・1％を下回る結果となりました。

しかし、最近の世界情勢や円安で先行きは不透明です。

出典： 国際労働機関（ILO）発表2022

世界の失業率ランキング TOP10

順位		失業率
1	エスワティニ	31.4%
2	南アフリカ	28.8%
3	パレスチナ自治区	24.4%
4	ボツワナ	23.6%
5	ヨルダン	19.8%
6	キュラソー（オランダ王国）	19.1%
7	ソマリア	18.8%
8	チュニジア	17.2%
9	レソト	16.9%
10	モンテネグロ	16.5%

※2019～2022年のデータを混合して比較

世界の豆知識

アフリカ各国の失業率の高さが目立つなか、全体で3番目に失業率が低かったのは西アフリカのニジェール。もともとウラン鉱石の輸出が盛んでしたが、近年は油田の開発が進み、さらに金も産出されています。それらの資源もいつかは枯渇するはずですが……。

生活費の高い国、日本は44位

日本は低賃金のために相対的生活費が高くなる

金融ニュースやサービス情報を提供するウェブサイト「GOBankingRates」による調査は、生活費、家賃、食料品価格、レストランのメニュー価格、現地購買力（国の平均賃金と当地における各種サービスや財の価値を対比したもの）という5つの指標を分析する形で行われています。

不安定な世界情勢を反映し、日本では円安がインフレを引き起こしています。それなのに賃金はなかなか上がらないため、相対的な生活費は高め。観光で訪れるには良くても、住むには厳しい国といえそうです。

出典：GOBankingRates調査2023

生活費が高い国ランキング TOP10

順位	
1	シンガポール
2	スイス
3	アイスランド
4	アイルランド
5	マルタ
6	ノルウェー
7	レバノン
8	オーストラリア
9	イスラエル
10	ニュージーランド

ガイチ流ひとくちメモ

アイスランドを始めとする北欧の上位ランクの国々は、家賃などはニューヨークよりもはるかに安いものの、外食などのサービス料金や税負担額が大きく、生活費全体を押し上げています。「福祉国家」といっても、いいことばかりではありません（当たり前ですが）。

一人当たりの年間ごみ排出量は北欧勢が席巻

日本は生活ごみで33位もプラごみ排出では世界2位

経済協力開発機構（OECD）発表による一人当たりの都市廃棄物（自治体で回収される家庭ごみや粗大ごみ）排出量の報告によれば、日本は年間326・3キロで全体の33位。上位に北欧の国が並ぶのは、ごみがリサイクルに積極活用されている背景もあります。またUNEP（国連環境計画）によるプラスチックごみ廃棄量の調査では中国が1位。これは人口が多いためであり、一人当たりの排出量となると日本はアメリカに次ぐ世界2位。年間およそ32キロのプラ容器やストロー、レジ袋などを廃棄しています。

出典：経済協力開発機構（OECD）「都市廃棄物のひとり当たり排出量2021」
国連環境計画（UNEP）報告書「シングルユースプラスチック2018」

都市廃棄物一人当たり排出量

順位		kg／年
1	オーストリア	835.1kg／年
2	ノルウェー	798.8kg／年
3	ルクセンブルク	793kg／年
4	デンマーク	769.6kg／年
5	ベルギー	757.7kg／年

一人当たりのプラスチックごみ排出量

順位	
1	アメリカ
2	日本
3	EU

世界の豆知識

OECDのランキングに中国が入っていないのは、そもそも調査対象国ではなかったため(ほかにもロシア、メキシコなど)。実際に調べてみれば、プラごみと同様に上位に名を連ねることが予想されます。あ、一部の国にとって都合の悪いことを書いてしまったかも。

世界上位に独自性のあるテーマパークが登場

日本1位のUSJは世界25位 アジアでは6位にランクイン

世界最大の旅行プラットフォームとして知られるアメリカ『トリップアドバイザー』は、旅行者の口コミをもとに毎年、世界のテーマパークランキングを発表しています。かつてはランキング上位をアメリカのテーマパークが席巻しましたが、近年は各国の独自性が高い施設の人気が高まっているようです。日本の1位はここ数年連続でユニバーサル・スタジオ・ジャパンが獲得しています。しかし、海外と比べたとき、世界全体では25位、アジアでは6位です。まあ、そもそも外資系のパークですし……。

出典：『トリップアドバイザー』調査「世界のテーマパークランキング2024」

世界のテーマパークランキング2024 TOP10

順位	
1	ディズニーランド・パリ（フランス）
2	サイアム・パーク（スペイン）
3	フェラーリ・ワールド・アブダビ（アラブ首長国連邦）
4	ベット・カレーロ・ワールド（ブラジル）
5	ウォーターボム・バリ（インドネシア）
6	ビーチ・パーク（ブラジル）
7	ピュイ・デュー ・フー（フランス）
8	アルトン・タワーズ・リゾート（イギリス）
9	ウォルト・ディズニー ・スタジオ・パーク（フランス）
10	ドリーウッド（アメリカ）

ガイチ流ひとくちメモ

日本の2位、3位は「東京ディズニー・シー&ランド」。また、東京のとしまえんの跡地に2023年に開園した「メイキング・オブ・ハリー・ポッター」が21位に入っています。個人的には三重県の「ナガシマスパーランド」も好きです（元勤務先なので）。

殺人事件発生率、日本は惜しくも「最低」とはならず

中南米に多い殺人事件発生率
日本は世界トップクラスの治安

ＵＮＯＤＣは国際犯罪や薬物問題を取り扱う国際連合の組織です。データは10万人当たりで年間に何件の殺人事件が起きているかというもの。ここでいう殺人とは「非合法で意図的に他人を死亡させたもの」で、戦争や紛争による死亡は含まれていません（その説明なら普通は含まれますが……）。

途上国などはデータの信頼性が低く単純比較はできませんが、傾向としては中南米の国が上位に目立ちます。日本は0・23件／10万人で、この統計にある１５２の国と地域のうち１４８位でした。

出典：国連薬物・犯罪事務所（UNODC）発表データ（各年）

世界の殺人事件発生率の低さランキング TOP10

順位		件数／10万人
1	バチカン市国	0.00
	ツバル	0.00
	モントセラト（イギリス領）	0.00
	サモア（アメリカ領）	0.00
5	カタール	0.07
6	シンガポール	0.12
7	バーレーン	0.20
8	日本	0.23
9	クウェート	0.25
10	オマーン	0.26

※国ごとに最新データの更新年度が異なるため、
2017～2022年のデータを混合して比較

世界の豆知識

日本が最低とならなかったのは、バチカン市国など「殺人事件0件」の国があったため。ただしバチカンなどは人口自体が別国籍の人を含めても800人程度と少なく、1件でも殺人事件が起こると発生率が激増してしまいます。しかし普通、ローマ教皇の前では……ね。

携帯電話契約件数&普及率　日本は意外と低順位？

契約件数1位と2位は中国、インド　日本は同8位&普及率14位

世界の携帯電話（スマートフォンを含む）契約件数ランキングを見てみると、上位はほぼ人口に比例しているため、人口11位で契約件数8位の日本は健闘しているといえそうです。一方、「100人あたりの契約件数」＝携帯電話普及率では日本は世界14位、中国とインドはそれぞれ76位、168位と、一気にランクを落としています。とはいえ、普及率の1位の香港、11位のマカオは、どちらも中国の特別行政区。一人当たり2台前後の携帯電話を持っていることになります。全然うらやましくないですけど……。

出典：国際電気通信連合（ITU）発表データ2022

世界の携帯電話契約件数ランキング TOP10

順位		契約件数
1	中国	17億7001万件
2	インド	11億4293万件
3	アメリカ	3億7270万件
4	インドネシア	3億4261万件
5	ロシア	2億4527万件
6	ナイジェリア	2億2223万件
7	ブラジル	2億1293万件
8	日本	2億1075万件
9	パキスタン	1億9278万件
10	バングラデシュ	1億8610万件

※2022年のデータ

世界の豆知識

2018年のITUのデータ、214の国と地域の中で唯一「携帯電話契約件数ゼロ」となったのは南太平洋にあるウォリス・フツナ諸島。人口約1万2000人でフランスの海外準県（ヨーロッパ外のフランス領自治区）です。ここまでくれば同調圧力で持てなさそう……。

日本人研究者の科学論文への貢献度は？

中国が首位を独走
日本は5位も減少幅はわずか

さまざまな科学分野の調査を行うNature Indexは2024年度の学術145誌に掲載された科学論文を対象に、各国の研究者の貢献度を算出しました。この結果1位となったのは中国。前年比で13・6％のポイントアップという活躍ぶりでした。一方、長らく1位を独占してきたアメリカは前年比で7・1％のポイント減で2位に甘んじています。日本は前年と同じく5位で、貢献度合いは前年比で1・7％下がりましたが、トップ10カ国の中で最も小さな減少幅となりました。

出典：Nature Index2024年度調査

科学論文貢献度ランキング TOP10

順位		総合スコア
1	中国	23171.84
2	アメリカ	20291.79
3	ドイツ	4318.68
4	イギリス	3701.98
5	日本	2956.75
6	フランス	2243.92
7	カナダ	1702.32
8	韓国	1631.02
9	インド	1494.27
10	スイス	1393.22

ガイチ流ひとくちメモ

日本の科学研究の失速は、イギリス科学誌『ネイチャー』にも指摘されています。原因は国の予算低減など多々ありますが、「飛行機ならば今すぐ手を打たなければ墜落するほどの失速状態」というのだからただごとではありません。ド文系の私はノーコメント……。

福祉国家の北欧勢が税負担率の上位

日本は中小企業への課税率は高めだが消費税率は世界的にはまだ低め

ベン・カプランが設立した情報プラットフォーム「Wisevoter」が発表した高税率国のランキングによると、世界の税負担率の平均値は20・8％で、税負担率が32・03％の日本は34位となります。一方、1位のデンマークの税負担率は46・34％と10％以上高くなっています。これは他の上位国にもほぼ共通しているのですが、日本に比べると法人税率は低めなのに対し、所得税率と消費税率が日本よりも高く、特に消費税率は20％超えの国がほとんどのため、トータルで差がついているのです。

出典：Wisevoter／Highest Taxed Countries

税負担率が高い国ランキング TOP10

順位		税負担率
1	デンマーク	46.34%
2	フランス	45.40%
3	ベルギー	42.92%
4	スウェーデン	42.91%
5	イタリア	42.45%
6	オーストリア	42.44%
7	フィンランド	42.19%
8	キューバ	42.00%
9	ノルウェー	39.93%
10	オランダ	39.33%

世界の豆知識

「高負担・高福祉」といわれる北欧勢は、1位のデンマークのほか、4位スウェーデン、7位フィンランド、9位にノルウェーがランクイン。低所得者の所得税や消費税では日本を上回るものの、法人税は格段に低く抑えられています。ただし、日本は社会保険料はそこまで高くないです。

日本以上の地震大国インドネシア

地震発生最多はインドネシア
日本は南海トラフ地震の恐れ

あらゆる市況情報を伝える海外サイトInsider Monkeyでは、「地震の多い国ランキング」を掲載しています。自然災害による株式市場などへの影響を鑑《かんが》みてのことでしょう。「地震大国」ともいわれるように、地震発生率では当然日本が世界一と思われたかもしれませんが、実は1位はインドネシア。2004年、22万人もの死者を出したスマトラ沖地震を記憶する中高年の方も多いでしょう。日本は5位となりましたが、近い将来には南海トラフ地震の発生が予想されています。

出典：『Insider Monkey』2024年公開

地震が多い国ランキング TOP10

順位		発生件数
1	インドネシア	2233件
2	メキシコ	1838件
3	フィリピン	1471件
4	チリ	935件
5	日本	902件
6	トルコ	877件
7	パプア・ニューギニア	818件
8	グアテマラ	759件
9	シリア	739件
10	ペルー	579件

※2023年データを参照

世界の豆知識

観測史上最大規模の地震といわれるのは、1960年の「チリ地震」。東日本大震災は4位相当の規模ながら被害額は歴代トップです。歴史上最多の死者数は1556年の中国・華県地震で、明の朝廷に報告されただけで約83万人でした。

ジェンダー・ギャップでは日本は最低レベル

全般的に平等度の高い北欧
日本は146カ国中118位

調査対象は世界146カ国。経済や政治、教育など多くの分野におけるジェンダー・ギャップ（男女の社会的性差に基づく格差）について調べています。アイスランドは11年連続の首位で、その他の北欧諸国もスコアが高くなっています。日本は118位で2020年調査の121位からランクアップしており、先進国の中では最低レベルの政治分野でも女性の活躍がわずかに改善していると評価されています。しかし、調査対象国が7カ国少ないため安易には喜べず、依然として大きい男女の経済格差も懸念事項です。

出典：世界経済フォーラム（WEF）「世界ジェンダー・ギャップ報告書2024」

社会的性差の格差が少ない国ランキング TOP10

順位		総合スコア
1	アイスランド	0.935
2	フィンランド	0.875
3	ノルウェー	0.875
4	ニュージーランド	0.835
5	スウェーデン	0.816
6	ニカラグア	0.811
7	ドイツ	0.810
8	ナミビア	0.805
9	アイルランド	0.802
10	スペイン	0.797

ガイチ流ひとくちメモ

生物学的性差のセックスに対し、社会的・文化的性差がジェンダーです。フランスの女性学者ボーヴォワールは、著書『第二の性』で「人は女に生まれない、女になるのだ」という有名な言葉を残しています。ジェンダーフリーの風潮は、日本でもようやく広まってきました。

ODA拠出額、かつて1位の日本は3位に

ODA最大拠出国はアメリカ
国民所得比ではノルウェーが1位

先進国と開発途上国の間の経済格差、いわゆる南北問題解消のため、途上国支援として現在の政府開発援助（ODA）は行われています。日本は1989年と1991年～2000年まで世界1位でしたが、以降は順位を落として2023年は3位。なお、金額自体は前年の約175億ドルから大きく増加しています。これは、ロシアによるウクライナ侵攻の影響で、日本を含むOECD傘下の開発援助委員会（DAC）加盟国の拠出額が増えているためです。なお、国民所得比では日本は12位となっています。

出典：財務省「2023年におけるDAC諸国の政府開発援助(ODA)実績(暫定値)」

政府開発援助総額の多い国ランキング TOP10

順位		総額／米ドル
1	アメリカ	660.4億
2	ドイツ	366.8億
3	日本	196.0億
4	イギリス	191.1億
5	フランス	154.3億
6	カナダ	80.7億
7	オランダ	73.6億
8	イタリア	60.1億
9	スウェーデン	56.1億
10	ノルウェー	55.5億

ガイチ流ひとくちメモ

第二次世界大戦後には支援を受ける側の日本でしたが、1954年から拠出する側になりました。なお、東日本大震災において日本は世界各国から多大な支援を受け、これを「日本のそれまでのODAの成果」とする評価もあります。正直、何とも言えませんが……。

「世界のウナギの7割は日本が消費」は昔の話？

かつてはウナギ消費世界一だった日本 近年はウナギ離れが進んでいる？

２０００年に野生生物の取引を監視・調査するＮＧＯ「ＴＲＡＦＦＩＣ」が発表した『世界の生産量に対する日本の消費率』という資料によると、世界のウナギ生産量約20万トンのうち、日本の消費量は約15万トンでした。これを受けて、当時は「世界のウナギの7割は日本が消費している」と話題になりましたが、２０１５年のデータで当時と同じ計算をしたときには世界の20％以下しか消費していません。価格高騰や絶滅を危惧する気持ちもあるのでしょう。なお、ウナギの漁獲・生産量世界一は、日本ではなく中国です。

出典：国際連合食糧農業機関（FAO）データ2017

世界ウナギ漁獲&生産量ランキング TOP10

順位	
1	中国
2	日本
3	韓国
4	インドネシア
5	台湾
6	オランダ
7	フィリピン
8	イタリア
9	ドイツ
10	デンマーク

ガイチ流ひとくちメモ

31歳の半年間、「花と緑の博覧会」が開かれた静岡県の浜名湖で、ウナギを売りました。驚いたのはウナギが「背開き・焼き」だったこと。関西では「腹開き・焼き」、関東では「背開き・蒸し&焼き」なので中間的な調理法。まかないで一生分ウナギを食べたので満足です。

※本書に掲載の情報は、基本的に２０２５年１月初旬時点のものです。

おわりに

日本史を専門とする講師の私から見れば、近年、日本は自信を失っているように見えます。いったいどのような経緯があったのでしょう？

文字のない**原始**は、世界でもかなり早い段階で土器が登場し、本格的な農耕や牧畜を伴わない特殊な新石器文化だったとはいえ、縄文時代の日本は豊かでした。弥生時代中期以降、小国が分立し、邪馬台国のような地域連合国家も誕生しますが、朝貢した中国からは倭（おチビさん）と侮《あなど》られました。文字が伝わり体制が整う**古代**には、ヤマト政権が朝廷へと発展、国号を日本（中国から見て太陽の昇る方角の国）とし、遣隋使や遣唐使を派遣して自立しましたが、あくまでも中国を中心とする東アジア文化圏の一国でした。６６３年の「白村江《はくそんこう》の戦い」でも唐・新羅連合軍に敗れていますし、１０１９年には、撃退したとはいえ中国東北部から「刀伊《とい》の入寇《にゅうこう》」もありました。

公家・武家・寺社勢力が並立する**中世**では、鎌倉時代に「蒙古襲来（元寇）」を凌ぎましたが、中国・朝鮮・琉球などとともに、やはり大きな文化圏内の一国でした。

戦国期を経て武家政権が確立する**近世**は、豊臣秀吉が「朝鮮出兵」を行ったり、徳川将軍家が幕藩体制・〝鎖国〟体制を確立するなど、日本は完全に自立します。ここが国家としてのひとつの完成形だったのでしょう。現在も続く独自のすぐれた文化も発展しました。

幕末のペリー来航で〝開国〟させられ、日本は**近代**に突入します。明治時代には「富国強兵・殖産興業」をスローガンに、「日清戦争」「日露戦争」に連勝して〝脱亜入欧〟、そして不平等条約の改正を達成し、近代国家として欧米列強と肩を並べました。さらに大正時代には「第一次世界大戦」に参戦し、勝ち馬に乗ります。大戦景気も迎え経済も好調、この時点が大日本帝国の絶頂期だったといえます。

１９２９年、アメリカ発の世界恐慌をきっかけに、世の中が変わります。植民地が少ない or 持たない日本・ドイツ・イタリアの「枢軸陣営」と、ブロック経済圏などで不況を凌げるアメリカ・イギリス・フランスなどの「自由主義陣営」、スターリンの計画経済で無傷だったソ連の「社会主義陣営」という三分割状態に世界は突入し、後者ふたつが「連合国（＝戦後の国際連合）」となり、日本は原爆まで落とされて国土や人心は荒廃しました。

戦後すなわち**現代**。アメリカの〝核の傘〟に守られ、東西冷戦の下で地政学的にも重要な位置を占めた民主国家・資本主義国家ニッポンは、驚異的な経済成長を遂げGDP世界第2位の経済大国に成長しました。

しかし、1991年のソ連崩壊と、それに続くバブル崩壊を境に（役割も経済力も）〝失われた30年〟となります。2008年には、アメリカ発の世界同時金融危機に翻弄され、いつしかGDPも中国・ドイツに抜かれ4位に転落、国際連合では相変わらず安全保障理事会の5常任理事国に入れず（なにせUnited Nationsの直訳は「連合国」

ですからしょうがないですが）、「2位じゃだめなんでしょうか」どころか、G7サミットに参加しても影が薄い現状……。

本書は「1位だってたくさんあるぞ」と高らかに宣言し、この中の何かしらをきっかけに、読者の皆さんに日本の可能性を見出していただきたく、執筆したつもりです。驚いてください、こんなに世界一があるなんて！　我々はまだ、何かできるんじゃないでしょうか？

2020年、中国発の新型コロナウイルスのパンデミックをきっかけに、また世の中は変わりました。未来の日本の姿を見出すためにも、今こそ美点や強みをしっかり再確認しておきたいものです。

貴重な時間とお金を遣ってお読みいただき、ありがとうございました。

伊藤賀一

●参考文献（※ランキングの出典については各ページを参照）

『日本史の中の世界一』田中英道（責任編集）／育鵬社
『今と昔をくらべよう 日本と世界のランキング大事典』㈱ワード（編集）／くもん出版
『日本は世界で何番目？1 健康・福祉』坂口美佳子（著）、藤田千枝（編集）／大月書店
『日本は世界で何番目？2 家族・教育・労働』菅原由美子（著）、藤田千枝（編集）／大月書店
『日本は世界で何番目？3 環境とエネルギー』新美景子（著）、藤田千枝（編集）／大月書店
『日本は世界で何番目？4 食料と農漁業』増本裕江（著）、藤田千枝（編集）／大月書店
『日本は世界で何番目？5 平和と安全』菅原由美子（著）、藤田千枝（編集）／大月書店
『日本人の価値観 世界ランキング調査から読み解く』鈴木賢志（著）／中央公論新社
『日本の本当の順位 世界レベルで見た我が国の姿』浅井信雄（著）／アスキー

装丁　bookwall
著者写真　小谷信介
本文写真　ColBase、PIXTA、千葉県香取市伊能忠敬記念館、筑波大学附属図書館、東京大学駒場図書館、東京都立図書館、同志社大学
本文デザイン　金井毅（ファミリーマガジン）
本文DTP　吉田龍磨（OSdesign）
編集協力　今井智司、佐藤裕二、山下孝子、林賢吾、佐古京太、斉藤健太、渡邉亨、野口聖（ファミリーマガジン）、荻田美加、早川満、幕田けいた、苅部祐彦
企画・編集　九内俊彦

●著者プロフィール

伊藤賀一（いとう・がいち）

1972年、京都生まれ。法政大学文学部史学科卒業後、東進ハイスクール講師を経て、現在、リクルート運営のオンライン予備校「スタディサプリ」で高校日本史・歴史総合・倫理・政治経済・現代社会・公共、中学地理・歴史・公民の9科目を担当する「日本一生徒数の多い社会科講師」。43歳で生涯教育学を学ぶため再受験し、早稲田大学教育学部に入学。2022年卒業。著述業・ラジオパーソナリティ・リングアナウンサーなど、その活動は多岐にわたる。著書に『アイム総理』（KADOKAWA）、『明けない夜があっても』（青月社）、『日本の歴史すごろく』（幻冬舎）、『面白すぎて誰かに話したくなる 蔦屋重三郎』（リベラル新書）などがある。

宝島社新書

「日本が世界一」のランキング事典 改訂版

(「にほんがせかいいち」のらんきんぐじてん かいていばん)

2025年2月11日　第1刷発行

著　者　伊藤賀一
発行人　関川 誠
発行所　株式会社　宝島社
〒102-8388 東京都千代田区一番町25番地
電話：営業　03(3234)4621
　　　編集　03(3239)0646
https://tkj.jp

印刷・製本　中央精版印刷株式会社

First published 2020 by Takarajimasha, Inc.
ISBN 978-4-299-06446-2